U0941284

大学之道

致圣领导力

钱林涌 著

北京理工大学出版社
BEIJING INSTITUTE OF TECHNOLOGY PRESS

图书在版编目(CIP)数据

《大学》之道：致圣领导力 / 钱林涌著. —北京：北京理工大学出版社，2011.9

ISBN 978-7-5640-4826-6

Ⅰ. ①大… Ⅱ. ①钱… Ⅲ. ①大学—应用—企业管理 Ⅳ. ①F270

中国版本图书馆CIP数据核字（2011）第143408号

出版发行 / 北京理工大学出版社

社　　址 / 北京市海淀区中关村南大街 5 号

邮　　编 / 100081

电　　话 / （010）68914775（办公室）68944990（批销中心）68911084（读者服务部）

网　　址 / http：//www.bitpress.com.cn

经　　销 / 全国各地新华书店

排　　版 / 博士德

印　　刷 / 三河市华晨印务有限公司

开　　本 / 710 毫米 ×1000 毫米　1/16

印　　张 / 15

字　　数 / 280 千字

版　　次 / 2011 年 9 月第 1 版　　2011 年 9 月第 1 次印刷　　责任校对 / 陈玉梅

定　　价 / 29.80 元　　责任印制 / 边心超

在美式手语中，领导者的手势是这样的："双臂摆成摇篮状并左右摇动，如同一位慈祥的妈妈在爱抚自己的宝宝。"似乎没有比这更贴切恰当的对领导力的表述了。领导者并不是像人们想象的那般高高在上，难乎其难。

一个好的领导者善于营造一个与下属良好沟通的人际关系，善于引领其追随者实现共同的愿景。好的领导者是乐观的，诚信的，以德服人的。领导者的特质就隐藏在我们这些普通人身上，只要你肯学习，肯发掘宝藏，它终究会像金子般熠熠发光。

据《纽约时报》和CBS做的一项调查显示，仅仅15%的公众对大企业存有信心，而67%的民众认为大多数企业高管没有诚信可言。同时数据也显示，与1990年被任命的首席执行官相比，之后的首席执行官被解职的可能性要高出2倍。2000年后，全球规模最大的200家企业有77家更换过领导者。这些数据表明，领导力在当代已经严重缺乏，急需力量来唤醒渐渐沉睡的领导力。

本书的目的就是带领想成为成功领导者的人挖掘埋藏于内心的

领导力。怎样挖掘呢？这需要一个工具：一个古老的宝藏，一本充满智慧的古书——《大学》。

《大学》是“四书”之一，为《礼记》中的一篇，相传为孔门弟子曾子所作，这本书全面总结了先秦儒家关于道德修养、道德作用及其与齐家治国平天下的关系，被称为“初学入德之门也”。那么，这本讲修身的《大学》与领导力有什么关系呢？《大学》虽然只有寥寥几千字，却是一座丰富的宝藏，看起来字数少，甚至可以用几十字把它概括为“三纲”——“明明德、亲民、止于至善”；“七证”——“知、止、定、静、安、虑、得”；“八目”——“格物、致知、诚意、正心、修身、齐家、治国、平天下”。但《大学》又不仅仅只有这些条条框框，它涵盖了从古至今盛衰兴亡的大智慧，渗透修身、治国各个方面。知古可以窥今，知史可以鉴今，《大学》的“三纲”、“七证”、“八目”无处不渗透着作者曾子对人世智慧的深刻见解与认知。

《大学》虽然没有明确说明如何培养领导力，但是书中却处处渗透着领导力的最高智慧。领导力是一种软实力，它与《大学》强调的修身、齐家的智慧与修养不谋而合，领导者需要极强的个人素质，《大学》贯彻的智慧正可以加强领导者的个人修养，从而获得卓越领导力。

现在，放下手中的繁琐商务，清除头脑中的杂念，让本书引导你探究千年古书——《大学》中的精华，体味中国古代智慧与西方管理学知识的神奇融合，让《大学》带给您致圣领导力！

第一篇 “三纲”引领领导力

第一章 “三纲”略解 / 3

第二章 内用之学铺垫领导力 / 8

第三章 外王之学让领导力变为现实 / 20

激励员工 / 21

让员工行动 / 22

迎接挑战 / 25

第四章 至臻之境实现卓越领导力 / 33

第二篇 “七证”深化领导修养

第五章 “知止”境界——自我认知 / 41

“知”——对内心的真诚关注 / 41

“止”——恰如其分，止于至善 / 47

第六章 止而后定——修养的沉淀 / 59

第七章 “静”——宁静以致远 / 70

“宁静”的真谛 / 71

坚持自己的价值观 / 72

第八章 “安”——心安而明物 / 79

学会放松身心 / 82

精神疗法让心轻安 / 82

适度休假 / 83

加强社会交往 / 84

第九章　“虑而后能得”——深思熟虑臻于至善 / 90
作出最优选择 / 92
权力和领导力的巧妙结合 / 99

第三篇　“八目”窥视领导力真谛

第十章　“八目”的治世之术 / 111
第十一章　致知格物——达到“外王”境界的起步之阶 / 120
此“知”非彼“知”也 / 120
“致知”与“格物”的真正内涵 / 123
“致知”——认知自我，提升个人素养 / 125
“格物”——全方位掌控局面 / 133
第十二章　内外兼修之道——诚意、正心、修身 / 140
第十三章　自净其意可至诚 / 156
避开“自欺”、“好恶”、“自谦”、“慎独” / 157
“诚于中，形于外” / 164
第十四章　修身与正心 / 169
第十五章　齐家要修身 / 181
修身乃齐家之基 / 181
正确规避五种不健康心理 / 182
强有力的团队建设 / 187
第十六章　齐家而治国 / 194
如何“齐家” / 194
治国的原则 / 196
家庭是事业的基础 / 204
第十七章　天下之平难也 / 209
絜矩之道 / 211
德、财之辨 / 217
平天下之大要 / 220

第一篇

“三纲”引领领导力

“大学之道，在明明德，在亲民，在止于至善。”

这是《大学》一书的起始之句，高屋建瓴提出“明明德”、“亲民”、“止于至善”这三个全书纲要。“纲”，即纲要，前提，是《大学》一书的主要观点，之后的“七证”、“八目”实际上都是对这“三纲”展开分析。何谓“七证”？“知、止、定、静、安、虑、得”，这“七证”是求证大道，是达到明德的必要步骤和学问程序。何谓“八目”？“格物、致知、诚意、正心、修身、齐家、治国、平天下”，这“八目”是亲民的有效学问和修养。在这一篇我们先来分析“三纲”与领导力的关联，如何通过修炼“三纲”提升领导力。至于其余的“七证”、“八目”留待以后篇目再做详解。

第一章 “三纲”略解

“大学之道，在明明德，在亲民，在止于至善。” 这句话翻译成白话文是这样的：大学的道，首先在于知道“内明”之学的准则，然后去民间做亲民工作，这样才能臻于完美的至善境界。也就是说，开始由“道”到“明明德”是每个人提高自身修养的过程，是“内明”之学，是一种独善其身。由“明明德”到亲民，是独善其身“内圣（明）之学”后的兼济天下，自身具有较高学识修养后去帮助他人，也就是“外王（用）之学”。不管是独善其身的内明还是兼济天下的外用，都要达到一种“至善”的境地，才算是修炼过程的完成。

约翰·加德纳在《没有轻而易举的胜利》（No Easy Victories）一书中，详细界定了领导者在建立良好道德规范和个人修养方面的重要作用：

> 领导者对于作为社会风俗和文化的思想状态的形成有着重要作用。他们可以作为整个社会的道德统一性的象征。他们可以体现让整个社会凝聚起来的价值观。最重要的是，领导者可以构想并清楚

地表达令人向往的愿景，让人们放弃偏执狭隘的成见，超越撕裂整个社会的冲突，团结起来去追求值得他们倾尽全力的目标。

日本的稻盛和夫既是一位出色的企业家也是一位哲学家，在他的经营理念指导下，创办了两家世界500强企业京都陶瓷（Kyocera）和日本第二电讯电话公司（KDDI），赢得了日本“经营之神”的称号。著名学者季羡林评价：“据我七八十年来的观察，既是企业家又是哲学家，一身而二任的人，简直如凤毛麟角。有之自稻盛和夫先生始！”

稻盛和夫曾经说过：“什么是企业经营？对于我来说，经营就是日益提高自己的哲学理念。”他的经营理念概括为京瓷哲学，京瓷哲学的核心可以概括为这样的人生方程式：人生·工作结果=思维方式×热情×能力。这个方程式可以做这样的解释：能力和热情用分数0到100分表示，而思维方式则从负100分到正100分。举个例子，如果某人能力90分，热情20分，那么该人分数是1,800分；如果某人能力50分，热情90分，得分则是4,500分，高出前面懒人一倍。自怨自艾，生活没有热情和动力，没有真诚人生理念的人，他们的思维方式是负值，尽管能力得分高，热情分数也不低，但是其人生和工作结果反而会更低。乐观向上，热情活泼，心地好、真诚、正直是好的思维方式。在稻盛和夫看来，思维方式对人生成就起着决定性作用。

稻盛和夫认为人才对企业成败起着决定性的作用。与员工的能力相比，稻盛和夫更关注员工的道德水平和性格因素，他认为一个人只有心地善良和心胸宽广才能将员工团结在自己周围，从而带领企业做出卓越的成绩，在事业上获得成功。“阿米巴式经营法”是稻盛和夫在京瓷公司实行的卓有成效管理机制。这套管理机制关注人与人之间的紧密配合，稻盛和夫把京瓷员工按组分成3,000个小的单元，名为阿米巴。每个小单元包含30～50人，每个小单元都有明确的目标，这样打破了大锅饭变成了小锅饭。稻盛和夫认为3,000个阿米巴都是独立的，但是如果互相之间不管别人，整个京瓷就是一盘散沙。所以，稻盛和夫在选择阿米巴负责人时，认为负责人除了要有利己之心，还必须有利他之心跟其他阿米巴沟通合作。稻盛和夫强调一种契约精神，同时也强调在契约精神之外员工彼此之间相互信任支持，从而形成共同的愿景、使命感和价值观。

稻盛和夫在书中写道:“我现在所搞的经营是‘以心为本’的经营。换句话说，我的经营就是围绕着怎样在企业去建立一种牢固的相互信任的人与人之间的关系这样一个中心点进行的。”经营者只要以“爱”、“诚”和“和谐”之心为基础，用“关怀同情他人之心”与人进行心灵相交，就能打动他人之心，从而确立人与人之间无比坚固的信赖关系，相互信任的同仁共同干一番事业，无疑任何困难都是可以战胜的。

与其他企业家专注于经营管理实现个人最大价值不同，稻盛和夫不断根据自己成功的管理实践经验总结思想，并与他个人的信仰相联系，形成了稻盛哲学，用他的哲学智慧帮助更多企业家实现成功。13年前，稻盛和夫已经拥有巨大财富，但是他捐献了自己的所有股份，穿上袈裟，皈依佛门开始布道。

从“佛道”到“人道”再到“商道”，稻盛和夫总结出了人生至臻境界，同时也把握到企业领导者事业成功的准则。稻盛和夫的企业经营思想可以归纳为：企业家的人格修炼是决定企业成败得失的最关键因素。

在经营KDDI公司的过程中，稻盛和夫一直贯彻着“以心为本”的经营哲学。稻盛和夫领导的京瓷公司一直奉行的经营理念是：“在追求全体员工物心两方面幸福的同时，为人类社会发展做出贡献。”

20世纪80年代初，在日本政府决定实行三公社民营化方案背景下，稻盛和夫认为是为日本国民减轻高电讯压力的绝佳时机。稻盛和夫忆及创办KDDI目的：“整天都想着这个问题。晚上睡觉时想，喝完酒回到家里也想。当时认真反思的问题是：‘这个方案动机是否善，有没有私心?’就像禅僧打哑巴禅似的，另一个我向正在思考的我提出了问题：‘你说要建立第二电力公司，这是那么干净清白的吗？你的动机中有没有私心?’”经过长时间不断思索，他确定自己没有一丝想要为自己牟利的私心杂念。他进军通讯领域的唯一目的就是，打破NTT的垄断局面，让日本人民不再受居高不下的长途通话费的困扰，同时为年轻人提供工作的机会并进一步帮助年轻人实现人生价值和目标。

在日常工作中，稻盛和夫也始终贯彻着“以心为本”的哲学理念。在一年一度的新职工欢迎大会上，稻盛和夫都要花上两三个小时，循循教导新职工们要“变成相互信任的同志”，要“能与他人同甘共苦”，要“通过努力工作去充实自己的人生”。稻盛和夫还利用“聚餐会”等机会，把这个哲学理念思想渗透进每一个人，让大家形成互相信任的坚固关系，“大家都是一条船上的伙伴”团结协作荣辱与共的信念。稻盛和夫还是位十分慷慨的领导者，并不吝惜金钱，而是用金钱来激励员工，他把自己一部分个人股票赠给公司每位员工，以此提高员工工作积极性和集体认同感。稻盛和夫始终以身作则，没有将“以心为本”的经营思想变成挂在嘴边的口号，而是身体力行，用“肌肤传感式”方法赢得员工的信赖和支持。

稻盛和夫始终认为：无论是在人生中还是在事业上，要产生最佳结果，对事物的思考方法和心态都起着决定性作用，事业和人生成功的秘诀在人心。“爱”、“诚”和“和谐”决定着一个人的心性。自己之喜悦的心性就是“爱”；为社会和他人着想就是“诚”；以不仅希望自己而且还希望周围的人都始终幸福生活之心，达到“和谐”状态。诚、爱、和谐=敬天爱人。

稻盛和夫的成功经验表明，一位领导者只有不断增强自我修养，对身边的人和事充满爱心，才能“亲民”，止于至善，实现领导者乃至人生的最高境界。

第二章　内用之学铺垫领导力

在西方宗教文化中，摩西是具有广泛影响和代表性的领导者原型之一。在摩西的时代，他也遭遇了同当今时代类似的腐败困境，摩西向他的子民们传播精神的十诫，以身作则，向他们提供道德标准，让他们遵照来完成既定目标。摩西的领导力表现在用自由的愿景和个人感召力来劝诫人们采取行动。

领导力体现在领导者的具体行动，这些行动可以带领人们自愿追随领导去实现他的目标与愿景，绝非凭借权力让人们听话这么简单。学者和著名管理者对领导力也有不同的定义和理解，比如：

> 领导力是把握组织的使命及动员人们围绕这个使命奋斗的一种能力。
>
> 领导力是怎样做人的艺术，而不是怎样做事的艺术，最后决定领导者能力的是个人的品质和个性。
>
> 领导者是通过其所领导的员工的努力而成功的。领导者的基本任务是建立一个高度自觉的、高产出的工作团队。

> 领导力是领导者的个体素质、思维方式、实践经验以及领导方法等，这些影响着具体的领导活动效果的个性心理特征和行为的总和，领导力是领导者素质的核心。

在《大学》中，“明明德”实际上也是这个意思。第一个“明”是动词，知晓、明白之意；第二个“明”是形容词，光明的，合起来就是彰明人们所固有的光明的德性，即自明“内明”学问的准则，进行一种自我完善的道德修炼。“大学之道”的道是体，是根本，是源头，“明德”是用，是从道体出发的内心和身体力行的行为，是一种“自立立人”。

作为一个领导者，需要从“明明德”做起，不断提升自我道德修养，加强个人素质的提升，这样才能用强大的人格力量去感召他人，领导他人，去“亲民”，从而达到“至善”的境界。

我国儒家思想推崇的“三皇五帝”之一的舜就是道德修养极高，用自己的人格力量感化周围人，赢得大家尊重，创造了人人仰慕至今的清明和顺的国家。

舜的生活环境十分恶劣，按照史书记载，生活在一种“父顽、母嚣、象傲”的家庭氛围中。父亲顽劣粗陋，继母嚣张跋扈，弟弟桀骜不驯，三人沆瀣一气，想出了种种手段企图置舜于死地。但是，舜始终保持了宽厚善良的心性，他对父母非常孝顺，对弟弟仁慈爱护，多年未变。

《史记》记载了这样的故事：父亲瞽叟让舜修补仓房的屋顶，却在下面纵火焚烧仓房。舜靠两只斗笠作翼，从房上跳下，幸免于难。瞽叟又让舜挖井，待井挖深后，瞽叟和象趁机在上面填土，想把井堵上，将舜活埋。幸亏舜事先戒备，在井旁边挖了一条通道，从通道穿出，躲了一段时间。尽管父亲、弟弟对他做了如此多恶劣的事情，但是舜不以为意，始终如一地孝顺父母，友于兄弟，表现了高贵的品德。

舜不仅拥有高尚的思想和品德，而且也拥有非凡的才华和能力。据史书记载，“舜耕历山，历山之人皆让畔；渔雷泽，雷泽上人皆让居”，无论他在哪里劳动，那个地方一定会社会风气大好，人人讲求礼貌谦让；“陶河滨，河滨器皆不苦窳”，在河边制作陶器，也可以让周围的人向他学习，认真加工不再制作次品。因而无论他搬迁到哪里，人们都心甘情愿跟从，“一年而所居成聚(聚即村落)，二年成邑，三年成都(四县为都)”。

在舜担任天子执政后，也表现了治理国家的卓越能力。传说他进行了一系列的重大政治改革：重修历法，举行祭祀天地、四时、山川群神的典礼；他尊重下属诸侯国的权力，在即位之初将诸侯的信圭收缴，然后再选择吉日，召见各地诸侯，在庄重的典礼上将信圭重新颁发。这样一方面增强了诸侯国的归属感，另一方面也向天下宣告了自己的权力。

舜勤于政事，注重实地调查，在即位的当年，到各地巡守，考察民情；还规定以后五年巡守一次，以监督诸侯的工作业绩，以利于赏罚公平。

舜不仅善于处理政治事务，在知人善用方面也为天下及后代做出了表率。在尧当政时期，未能任用贤名远播的“八元”、“八恺”。舜让这些人才充分发挥了作用，他派“八元”掌管土地，“八恺”负责教化。“四凶族”——帝鸿氏的不才子浑敦、少皞氏的不才子穷奇，颛顼氏的不才子梼杌、缙云氏的不才子饕餮，做了很多坏事，臭名昭著，舜将“四凶族”流放到荒凉之地，为民除害。

舜高贵的道德品质决定了他是一位宽厚的君主。他“象以典刑，流宥五刑”，在器物上画出五种刑罚的形状，起警戒作用；用流放的办法代替肉刑，但同时也设立了鞭刑、扑刑、赎刑，对屡教不改的罪犯施以严惩。舜流放共工到幽州，流放欢兜到崇山，把三苗驱逐到三危，把治水无功的鲧流放到羽山，“四海之内咸戴帝舜之功”，“天下明德皆自虞帝始”，国家呈现出了繁荣祥和的局面，舜也成了我国五千年历史上推崇至今的“三皇五帝”之一。

诚信、正直、始终如一是领导者在道德层面不可或缺的品质，一个领导者找到作为自己座右铭的道德准则，发现价值观，这样才能进一步将其发挥成影响他人的力量和行为。目前企业中存在的欺瞒、推卸责任、诚信缺失等行为，根本原因是领导者、员工自身以及身边的小人物看似不起眼行为的侵蚀，当不道德成为一种司空见惯的社会氛围，人们可能会认为“其他人也是这么做的”，这就更需要一个领导者从加强自身修养做起，专注诚信、价值观和道德建设。

取法乎上得其中。现代企业家如果想做得更大，需要效法《大学》之道。不论大小企业，主要领导人都需注重自身道德的培养。

“做企业就像做人一样，我们重视自身信用体系的建立，把信用视为待人接物的基础、企业发展的保证。”苏州科达通信技术发展有限公司总经理陈卫东认为信用体系和企业发展是密不可分的。

陈卫东为人真诚，不拘小节，对员工看重实力，以德服人，同时在做生意时他一直保持着金融机构的诚信。科达每年都请专业的会计事务所做财务审计，及时向银行报告财务状况，保证经营透明度。陈卫东优秀的品德也影响着公司员工，营造了一种公开、诚信的公司氛围。良好的信用度为公司赢得越来越多的合作伙伴，公司的合同额从2000年初的300万元增加到2003年年底的1亿元左右。

成功学的创始人拿破仑·希尔说过："如果你心里隐藏着贪婪、嫉妒、怨恨及自私，那么，你只能吸引和你同类的人，无法吸引真正优秀的人。"物以类聚，人以群分，只有真正品德高尚的领导者才可以吸引同样品德高贵、能力卓越的人才。

一个虚伪的笑容，貌似热情的握手，这些都只是表面功夫，不是领导力的真谛，领导力靠的是真诚和热情。这些外在表现如果缺乏热情这个因素——人们都是会感受到对方真诚与否的，它们不但不会引起别人对你的好感，反而会因为你的虚伪对你避之不及。

首都社会经济发展研究所常务副所长王鸿春研究大量案例后分析道："如果你拥有良好的思想、感觉以及行动，就可以建立起一种优秀的品格，会展示出迷人的个性。这种个性会吸引人，使别人愿意和你合作共事。这种吸引力是由内而外的，只要你一进入人群，即使不说话，那股气质也会自然流露，别人会感觉到看不到的内心深处的力量。"

"明明德"讲求自明"内明"的准则。老子曾说过："知人者智，自知者明。"自知之明是很多人都缺乏的，正如佛家所说，众生都不了解自己的本来面目，不能真正认识自己，因此不能悟道。管仲也说过："圣人畏微，愚人畏明。"真正了解自己、认识自己是领导力的首要之道。

通过大量案例分析和调查发现，优秀的领导者身上存在5个共同特质：以身作则、共启愿景、挑战现状、使众人行、激励人心。这5个特征正对应着“三纲”，以身作则是“明明德”的基本要求。

克莱尔·欧文是英国SG公司的创始人和领导人，也是公司价值观的倡导者。SG公司由最初进入破产程序发展到现在110人的规模，而且正在为将专业营销业务发展到全球而努力，这少不了克莱尔的卓越领导。

克莱尔和她的同事们有一系列明确理念贯彻到每天的活动中。“我们的企业以顾客需求为导向。”克莱尔这样介绍，但实际上，她的员工对她来讲具有更高的地位，她认为，只要真心关注员工，员工就会关心求职者，如果员工关注求职者，求职者就会关注他们的企业；如果求职者关心企业，这些企业就会给SG更多的业务。克莱尔把公司员工放在第一位，因为员工是真正决定公司影响力的。

结果是，SG公司拥有极低的员工离职率，人们经常对克莱尔说：“我喜欢在这里工作，周围都是我喜欢的伙伴，既可以交流又可以高效率地工作。”对克莱尔来说，关注员工的理念不等于纵容员工做任何事情，她认为员工应该灵活运用这些理念而非仅仅是口头的漂亮话。与关注机制对应，如果员工贯彻了不恰当的理念，克莱尔也制定了一些惩罚机制。“假如你想让客户获得最佳体验，那么你一定要让能够给客户带来体验的员工做正确的事情。”

SG公司的理念不是虚无缥缈的空头支票，它贯彻在员工们的日常工作中。比如，员工每月开一次全体例会，时间仅仅是早上九点到十点这一个小时，在会上员工报告公司财务状况，业务来源，市场情况，保证信息及时公开透明。另外还有周五例会，用来回顾一周情况；每隔一周的早餐会，每隔一周出版《员工通讯》，这些都有利于员工间感情的交流，信息的流通。

值得注意的是，克莱尔会亲自参加这些会议，让员工看见她的身影，和她聊聊天。克莱尔活力充沛，能让身边的员工感受到她时刻关心公司的经营，关注公司的人。她努力活跃的身影能够带动员工一起为公司努力工作。当然克莱尔也意识到真实的重要性，“如果我假装热情会产生消极的影响，如果只说不做，渐渐地，员工会看穿你，不再信任你。员工希望看到一个真实的领导者，因为你真的是某种人而尊重你。”

以人立己、以身作则要求领导者想要为员工树立一个榜样，必须像克莱尔一样明确理念和指导原则。马云的话可以为克莱尔的行为做一个形象的总结：“我认为，员工第一，客户第二。没有他们，就没有这个网站。也只有他们开心了，我们的客户才会开心。而客户们那些鼓励的言语，鼓励的话，又会让他们像发疯一样去工作，这也使得我们的网站不断地发展。”

英国怀特集团总裁林赛·莱文也说过：“你要打开心怀，让人们了解你真实的想法，这意味着要善于表达自己的理念。”领导者先要找到适合自己的表述方法，然后用坚定的声音表达自己的理念，这个理念必须具有包容性和共同性，让员工就共同原则和理想达成一致。

表述理念之后，更重要的是领导者要用实际行动来践行理念，以身作则、身体力行，通过日常行动向员工表明自己在为某些大家共同的理念和目标努力。克莱尔自己不想做的事情，她也一定不会要求员工去做。这就像孔子所说的“己所不欲，勿施于人”。

领导者为了组织的进步需要迎接挑战不断创新，这也意味着较高的风险。一个新政策的提出一定会有大量的反对意见，一旦你失败，不仅意味着铺天盖地的批评和打击，很可能会丧失领导者的位子。改革意味着打破现有的秩序，现有秩序的维护者和既得利益者会想方设法阻止改革的进行，设法将组织领回原有状态中。但是如果一位领导者看到企业现有问题，因为担心遭到反对而没有及时提出很有可能会对公司长远发展造成恶果。所以，领导者不仅要学会看出组织存在的问题，还要敢于提出问题，掌握提问题的方法。

对于一个领导者来说，最佳策略是先引起人们对这件事情的关注，一方面动之以情，晓之以理，让人们看到改革的价值；另一方面也要采取一些强制性的手段，让组织成员直面现实，让众人听从领导者的召唤，为了一个正确目标而前进。

北欧神话中有一种神奇的酒——米迪，这种酒会让人拥有一种说服别人的力量，用诗歌一样的语言说服别人，让别人信服你，因此，这种酒一直是各路神仙、恶魔争夺的对象，它既可以启迪人们心中最神圣的情感，引领人们走向一个高远的目标，也可以让人们听从邪恶的劝说，助纣为虐，带来毁灭性的力量。其实每一个人心中都有纯洁美好的梦想等待着一种力量来开启，来发挥它们强大的力量。但是经过现实的磨砺，这种梦想逐渐被遮盖，人们忘记了曾经的自己有着怎样伟大的目标，即使回想起来也会觉得当时在异想天开，是年少无知时的幻想，于是人们屈从于现实，追逐个人利益。

一位公司的CEO曾在接见客户时公开抱怨自己的员工素质太低，不守纪律、没有全局观念、自私自利。当时这位CEO正在考虑如何改进自己的企业文化，每天他进出公司的时候都会看见一些人聚集在公司门外吸烟聊天，CEO对员工的这种状态很不满：“看看那些员工，他们看起来一点也不在乎。他们就站在那里吸烟，然后把烟头扔在过道里，他们的行为会给客户留下什么印象？公司有吸烟室，但他们却喜欢像无业游民一样在门口闲晃，我应该怎么做才能阻止他们？”虽然这位CEO可以发布一条禁令，禁止人们在公司门口吸烟，但是他没有使用这样强制性方式，他希望可以通过改变企业文化，让人们改变自己的行为习惯，重树企业和员工的价值观，自觉改变这种行为。

马丁·路德·金是善于启迪人们共同梦想的一位杰出领导者，每个人都很熟悉他的名为“我有一个梦想”的演讲，这个演讲为美国受歧视的黑人展现了一个光明的未来，点燃了梦想，忽略了现实中的种种限制和阻碍。现将这个演讲部分摘录如下：

当我们让自由之声嘹亮天地，当我们让自由之声传遍每一个村庄、每一个州、每座城市时，我们便有了让这一天快快到来的力量。那时，上帝所有的孩子，黑人和白人、犹太教和异教徒、耶稣教徒和天主教徒，将能一起手拉手同唱那首古老的歌：“终于自由了！终于自由了！感谢万能的上帝，我们获得自由了！”

马丁·路德·金为人们勾画未来美国社会美好的愿景，这些愿景已经被压抑在人们心中很久很久了，当他提出“dream”这个词时，这个梦不仅仅是个人的想法，而是连接着美国各个社会阶层的共同心愿。“这个梦想深深根植在我们的美国梦中，我梦想有一天，这个国家将会奋起，实现其立国信条的真谛——我们认为这些真理不言而喻——人人生而平等。”他的语言富有激情和号召力，他号召人们停止种族歧视的行为，建立一个平等友爱的美国社会。他富有哲理的语言和震撼人心的演讲唤醒了人们沉睡多年的梦想，描绘了值得期待的未来，吸引大批追随者共同为这个梦想奋斗。

如果一个领导者拥有一流的口才，但是居心险恶，蛊惑人们，带领人们沉浸在幻想中，人们丧失基本的判断力，在领导者的指挥下盲目行动，那么，这种后果就很可怕了。希特勒可以说是这方面的一个典型。不可否认，希特勒拥有一流的口才和智慧，他可以用他的演讲将整个德意志民族团结起来，追求他宣扬的“真理”，导致了狭隘的民族主义，他们残酷杀害异教徒，企图用战争征服世界，最终众叛亲离自我灭亡。希特勒的毁灭就在于他没有用他的语言唤醒处于危难中的人们高尚美好的情感，而是指向了征服和屠杀，以为用武力征服世界就可以证明自己民族的伟大，他的行为不仅给德意志人民带来了灾难，也让整个世界陷入战争中。

研究心理分析的学者玛格丽特·里奥奇认为，当我们迷茫苦闷时，“就像迷途的羔羊，不管谁来都跟着走。人们的大脑天生地愿意去相信，就像心天生地想要去爱。”所以，作为一个领导者想要吸引更多的追随者，让大家为共同目标而努力，他必须要正确使用领导力，把握方向，不能用邪恶的、错误的力量或者编造出神秘的故事来吸引人们追随。领导者应该有这样的基本能力：他的语言和行动可以激发大家积极的情绪，将人们从沮丧、消沉的情绪中解脱出来，不再迷茫。领导者目光应该长远，指向一个美好光明的未来，让人们主动学习、不断提升自己，而非陷入一种宗教的狂热中，丧失判断是非的能力，陷入这种非理智的漩涡中。

通过分析领导者的个人事迹可以看出，具有突出优异成就的领导者都具有意志坚定、能力强、有韧性、关注细节的特质，但更重要的是，他们事事以身作则，不忽略任何一个简单的细节，让他们做的一切看起来十分自然。他们不做作，天然拥有一种感召力，和员工们一起工作，通过行动表现出理念，在员工迷茫时给予他们清楚的指导，并在合适的时机发问促进人们对工作进行思考，把握住重点。

“明明德”是这样一种领导力，明确理念，自我修炼，以身作则，通过理念清晰的领导者亲自示范与参与，向员工展示领导者的个人魅力，吸引追随者团结在自己周围。

第三章　外王之学让领导力变为现实

Informix USA服务部经理安库什·朱西这样总结她最值得称赞的领导经验："亲笔写一封感谢信比发一封E-mail更让员工惊喜。"持有相同观点的还有美国国家半导体公司经理珍妮·阿伦，当员工身上发生对他重要的事情时，珍妮总会在第一时间或提前亲笔写信向他祝贺，每名员工都感动于领导者对自己关心和问候的细节，"部门关系越来越融洽，工作效率越来越高"。这两个例子突出反映了领导者亲自关心员工对员工产生的感召、激励的力量。

三纲中的"亲民"对于领导力的落实作用即在于此。何谓"亲民"，亲，即亲近、靠近。亲民指的是拥有个人学养的品德的人深入到百姓身边，走入社会人群，亲近人民为之服务。亲民是真正的为人民服务，而不仅仅是挂在墙上的标语或口号。如果说"明明德"是修身养性的内明之说，"亲民"就是推己及人的外用之学，是在明德基础上的发扬和升华，是"自立而立他"，是在独善其身后的兼济天下。

"亲民"是利他的行为，是将领导者和追随者联结的纽带，是将领导力变成实际的手段，要求领导者在明确的理念下，在以身作则的基础上，用自身的力量激励员工，让员工行动起来，不断迎接挑战，克服困难。

激励员工

一个好的领导是善于激励员工的。这种激励可以是物质的也可以是精神的，可以是一对一的也可以是集体进行的；可以是热闹的庆典也可以是简单的鼓励性谈话，但关键是要让员工感受到领导者对个体的关注，对员工每一个进步每一次贡献的认可，是领导者发自内心的赞扬而非公式化的敷衍。

罗伯·潘科是一家企业的领导者，他很看重激励问题，经常对激励问题进行思考，以期最大限度达到员工满意度。他认为自从进入20世纪90年代后金钱激励的作用就大不如前了，因为现在工作生活质量已经大大提高，在他这个职位的人每个人年薪都在35,000美元以上，每个人的基本物质需要都得到了满足。他通过多年工作经验发现，在25,000~35,000美元之间，金钱激励可能还比较重要，但是对年薪超过35,000美元的人来说，金钱已经不那么重要了。对于这些高层管理者，他现在更多运用基于公司效益和个人业绩的年终奖金。

同时他会使用一些别出心裁的方法来激励人们。比如，用几天的带薪休假作为对一个人工作杰出的奖励。他还及时给予员工认可：给一个成功为慈善事业筹集资金的人在报纸上登一篇报道，然后将这篇报道贴在显眼的地方。罗伯·潘科关注员工的需要，他选择和员工一起工作以便可以随时了解他们的需要，并对工作时间表进行修改以反映员工的需要。一般来说，他给所有员工每年至少10天的休假，只有6天全体员工休假，其余4天可以随机安排。有些人可以选择马丁·路德·金日作为假期，一名退伍兵选择退伍军人节。

罗伯·潘科还通过绩效检查和项目报告获得员工正式的态度反馈，虽然他认为这些报告并没有得到很多东西，但是对于员工来说却是个好的激励方法，“给人们一种贡献感，让他们感到被关注，并且更加积极地工作”。

优秀的领导者总是善于激励、善于鼓舞人心的。激励可以拉近领导者与员工之间的距离。对员工的表扬和庆功会不仅仅只是有意思而已，也不应只作为一个象征性的庆功会，沟通同事间的感情。激励是件严肃认真的事情。在激励的同时，领导者也要让员工看到得到表扬的原因是什么，从而吸引员工做得更好，也就是要把奖励与绩效联系在一起。优秀领导者会认识到，认真办好一场优秀员工的庆功会，可以大大加强集体的认同感和归属感，调动员工的热情，加强员工的奉献精神，从而促进更多员工为集体做出更多贡献，提升团体的工作效率。

让员工行动

领导者对员工激励的最终目的并不是让其开心，而是让员工团结起来，建设稳定而积极的团队，领导团队努力向前。每个领导者都会有一个梦想，这个梦想靠领导者单枪匹马很难实现，一方面要求领导者有卓越能力和坚定信念，另一方面还要号召更多的人支持自己的梦想，结成团队一起向前。领导者要有让员工行动的能力。

实验数据表明，一个人能否成为一名优秀领导者，很大部分取决于使用“我们”的次数，介绍自己最佳领导实践时，领导者使用“我们”的频率是“我”的三倍。安基·依姆是惠普公司技术团队的领导，她总结经验时称：“我以前有个坏习惯，总说‘我’而不是‘我们’，后来我发现说‘我们’时员工会感到自己是团队的一部分，团队会更积极团结。”

詹姆斯·凯瑟自1968年进入科宁公司做销售代表开始，到现在已经成为科宁公司的高级副总裁，技术产品部和拉丁美洲、亚太地区出口部的总经理，直接负责价值20亿美元的企业资产。他的部下这样评价他：“公正无私和细致入微”，“坚韧、大胆的冒险家，同时又十分关怀他的手下”。詹姆斯·凯瑟十分信任地把决策权交给下属：“我是个员工取向的管理者，我相信一个人不可能足以聪明地知道所有问题的答案，因此我实行参与和授权做法，和员工们一起经营这个企业。”詹姆斯·凯瑟取得了很多引人瞩目的成就，在他的指导下，他所在部门最先将企业战略和质量策略结合起来。

詹姆斯·凯瑟不仅是一个卓越的企业领导还是社团领袖。他担任着经营管理领导委员会的主席，这是一家位于华盛顿特区的政府机构，通过雇佣60名黑人高级经理帮助数百名黑人经营管理人员进行沟通与获得信息。他说：“作为一名美国黑人，我有责任在社会中使黑人走到一起，并指导他们和他们的工作。”

优秀领导者不仅要自身优秀、能力突出，也要善于组建一个团结协作、行动力强的团队，营造彼此信任、密切配合的氛围。这个团队应该包括与项目有关的所有人，不只是参加项目的员工，也应该包括与结果有关的人，如同事、经理、客户、供应商等一切与目标有相关性的人。

在让员工行动的过程中，领导者依靠的并非权力，而是一种威望与威信，让大家心甘情愿为之努力奋斗的力量。领导者应该让大家忽略甚至忘记权力的存在，更多关注能力、责任感等软实力，在一个没有权力压迫的团队中工作，人们往往表现得更为出色。

马云曾经说过："30%的人永远不可能相信你。不要让你的同事为你干活，而让我们的同事为我们的目标干活，共同努力，团结在一个共同的目标下面，要比团结在你一个企业家底下容易得多。所以首先要说服大家认同共同的理想，而不是让大家来为你干活。"

让员工行动，领导者首先要把大家的力量拧成一股绳，在团结的基础上，让每个追随者认识到自己的能力，感受到自己的强大和力量——仿佛他们可以做的事情比他们之前自认为的更多，有更多潜力可以挖掘，他们可以展现自己的所有力量，做好力所能及的事情。如果领导者不能让追随者感受到自己的力量，一直觉得自己弱小，与人疏远，有力量发挥不出来，就会犹豫不前，不敢表现自己，造成团队的行动力大打折扣。所以领导力建立在自信与信任的基础上，促使人们迎接风险，进行革新，赋予团队活力，推进员工不断行动，持续进步。

迎接挑战

一个组织、一个项目的发展过程不可能是一帆风顺的，总是会遇到一些波折，需要领导者带领员工克服困难。这些挑战可能来自各个层面：一种新产品、一条新行业规则、一次行业或企业内变革或者一家分公司的建立。挑战意味着要打破现有局面的平衡，实现一种更高层次的飞跃。

挑战存在着风险，领导者或者满盘皆输或者实现质的提高。卓越的领导者往往在关键时刻保持头脑清醒，抓住时机主动出击，带领团队不断取得进步。在调查中，领导者都是不满现状，寻找改变的机遇，主动出击，寻求进步和提高。领导者是开路的先锋，需要有敏锐的触觉探知周遭形势的变化，注意到新产品新规则可能在行业内部引起的变动，从而及时采取措施抓住每一次机会。

“一个平庸的、保持现状的公司在市场上永远不会成功。领导者一定要承担风险，并坚信这样做是值得的。这是公司摆脱发展缓慢之路，实现腾飞的唯一途径。”O3娱乐公司的产品销售部经理迈克·帕勃十分肯定挑战。

阿里巴巴网站创始人马云的经历可以充分说明善于迎接挑战、不断创新的领导者才能不断突破自我，取得成功。马云1992年第一次创业在杭州成立海博翻译社，1995年—1997年创办互联网商业信息发布网站“中国黄页”，1999年，马云正式辞去公职，创办阿里巴巴网站，开拓电子商务应用。目前，阿里巴巴拥有来自全球220个国家和地区的1,000多万注册网商，每天提供超过810万条商业信息，成为全球国际贸易领域最大、最活跃的网上市场和商人社区。

马云及其领导下的阿里巴巴团队虽然风光无限，但这个过程马云走得异常辛苦，从名不见经传不被看好的小人物，到现在的商业奇才，每一步都体现着他对常规的突破和现状的打破。

2004年，中美关系最紧张的时刻，马云一反常规，在美国加大广告宣传。

2005年，经济紧缩时期，马云居然宣称："现在是需要烧一点钱的时候了。"

2006年，在阿里巴巴网站看似情形一片大好的状态下，马云却在内部宣布"第二次处于高度危机状态"。

2007年，阿里巴巴上市，马云仍是反其道定了个低价——13.5港元/股，虽然冒险，却赢得了不小的口碑。

在2008年末经济危机背景下，很多小企业纷纷倒闭，马云没有乘人之危收购这些小企业，而是帮助中小企业和自己"过冬"，拨款150亿元救援中小企业。

2009年1月19日，马云在给阿里巴巴员工的邮件中写道："请带上你的家人去花钱！去消费！"虽然公司受经济危机影响，但是马云非但没有缩减员工工资，反而为员工提供2009年加薪和2008年丰厚的年终奖计划。

面对挑战的一次次逆向思维，看似不可思议，实际上包含了马云对局势的深刻思考和体认。对挑战和困难的一次次战胜，为马云赢得了更多追随者的支持，成就了他的领导力。

关于如何应对组织发展过程中面临的挑战，一般来说有5种方法，这5种方法循序渐进，一步一步缓解危机。

首先，领导者要弄清楚自己会给人们造成什么风险，也就是自己会与谁的利益起冲突。了解到这一基本情况，领导者会根据利益划分出谁是自己的同盟者，谁是自己的敌对者。在商业竞争十分激烈的环境中，领导者的品德和智慧都非常重要，品德会让他征集到优秀的追随者，智慧则会让他在竞争中战胜对手取胜，“害人之心不可有，防人之心不可无”。领导者需要有智慧根据成员或者团队中的异常性反映发现可能的变动或者风暴。如果领导者不能预知风险，那么很可能会遭受危险，领导者需要时刻保持一种敏感性，感知组织的风吹草动，了解成员的思想变化，随时应对风险和准备变革。虽然对很多成员来说，接受新的思想，应对组织中的变革，改变适应已久的工作习惯并不是一件很开心的事情，领导者要知道，不论他们的新设想多么有理有据，他们的变革宣言多么慷慨激昂，守旧派总是占大多数。领导者在这时应该采取一种开放的姿态，不能把反对者都当作敌人和前进障碍，他们很可能在犹豫和徘徊，所以应该留出一个缓冲时期，逐渐扭转他们的想法。如果一开始就采取强硬的手段，很可能将潜在的支持者变成敌对者，他们会坚决反对你的建议，变得固执己见，甚至联合别人针对你。领导者在缓冲期的目标就是要争取到最多的支持者，一方面说出自己变革的根据，给出一个改革后美好的愿景，一方面学会做说客，用真诚的态度让这些中间地带的人相信你，支持你，虽然需要一定时间，但是只要领导者肯抱着真诚的态度耐心等待，一定会被大众接受。

第二个方法是怎样干预，策略何时使用最佳。领导者在做事时要讲求策略，不能不讲究方法用权力压迫别人，要用个人的魅力吸引追随者让他们信任你，关注组织中存在的问题，并认识到要解决问题必须要经过变革完成。

20世纪初，印度在英国殖民者的统治下，人民生活很不幸福，由甘地领导的“非暴力不合作运动”在印度掀起了广泛的响应，英国殖民者受到很大的打击。这项运动最初执行和设想时，甘地也是面临着很大的挑战和风险，“非暴力”、“不合作”这两个要点如何界定，如何能吸引最广大印度人民的支持，运动开展的时间、地点、持续的时间长度，英国对这场运动可能采取的镇压政策都要一一考虑，以确保运动可以达到他期望的最佳效果。甘地的行为是为了广大印度人民的利益而进行的斗争，他首先是让印度人民认识到这次运动的正确性和深刻意义，保证最多的支持人数。甘地的“非暴力不合作运动”并非一帆风顺，遭到了英国殖民者的无情打击，但是甘地影响最大，引发最多人响应的便是“食盐长征”，给英国殖民者在印度的统治造成了沉重打击。

“食盐长征”开始于1930年3月12日早晨6点30分。甘地带领78名志愿者开始了像丹迪海滩的长途跋涉。在长征过程中，数以千万计的印度人参加长征队伍，他们24天共行进387公里，4月6日达到丹迪海滩。这次运动的目的就是反对英国指定的不合理盐法，在到达海滩后，甘地在万名群众面前抓起一把海盐，并将盐放入袋子中，这些行为都是违反盐法的。甘地宣布：“今天我们公开反抗盐法，明天我们会将其他不合理法令扔入垃圾桶，我们将坚决将不合作进行下去，知道殖民者认识到他们的法律在印度全无实行的可能。”4月6日，对印度人民来说是值得纪念的一天，遍及印度5,000多个地区的500多万人参与了这次运动，共同抵制盐法。这次运动得到了英国殖民者、印度人民和世界人民的关注，一方面表达了他们要求独立的愿望，也让印度人民开始正视自己不合理的处境。

这次“食盐长征”的背景是英国殖民者控制了印度食盐生产权，法律规定没有英国政府的许可，不允许印度人采集或者买卖食盐，并对盐收取重税，提高了盐这种生活必需品的价格，从印度人民手中榨取钱财。

甘地为了保证“食盐长征”的胜利，他采取了一系列措施，既要保证斗争的合法性，又要让它的效果发挥出来，同时还要最低限度降低风险。甘地在1930年3月2日提前给英国总督伊尔温男爵写信，告诉他这个长征的计划。信件的内容如下：

“我亲爱的朋友：

在采取公民不服从行动前，在冒这些年我所不愿的大风险前，我愿意首先与您取得联系，寻找解决问题的其他可能性。如果印度这个国家要存活下来，如果要停下来不断由饥饿导致的死亡，必须找到能立即起作用的补救措施。我殷切地邀请您为废除这些邪恶的法律创造条件，为双方间真正公平的会谈开辟道路，但如果您不能接受对抗这些邪恶的法律；我的心也无法说服您，那么我将在本月12日携所有我能召唤去的修习所同伴，抵制食盐法。”

甘地认为这个运动知晓的人越多越好，尤其是英国当局，如果能够成功引起他们的注意并引发他们采取一些行动，哪怕自己被逮捕，这样才能吸引更多印度人民乃至世界也会知晓这件事情，保证长征的意义为人知晓。甘地也注重参与者坚定决心和纪律的培养，在行动之前他发表过这样的演说："我们聚在一起，从这个专断、反动的政府手中争取自由。如果我们不能料理好自家的庭院，又如何去管理者政府呢？因此我要求你们，从现在起学习秩序和规则。"甘地同样注重运动的安全性，这次运动矛头直指英国殖民统治着，很有可能双方会产生激烈的冲突，为了最大化保存力量，保证行动的正义，将损失降到最低，他要求参与者保证不实施暴力行动。他要求人们宣誓"我们，艾哈迈德巴德的公民在此盟誓，我们将与战友并肩作战直至取得独立，我们宣誓将通过和平、正义手段取得印度的自由。"

不出甘地所料，"食盐长征"结束一个月后，甘地被英国当局投入监狱，被囚禁9个月，直到1931年1月26日才被释放。同年3月4日，《甘地——欧文协议》签署，宣布印度的独立地位。甘地的"食盐长征"获得了胜利。

第三，当领导者不小心陷入危险境地时，一定要确保有人看到或者有证据留下，这样才不会一败涂地，为自己留有余地。作为风险的挑战者，领导者很可能会遇到各种风险，可能被忽视，可能被诬蔑，甚至遭到打击报复。这时，一方面要求领导者拥有应对风险的勇气，一方面也要有斗争的智慧，尽量不要让自己独处，预感将要处于险境时确保有证人或是录音，这样才能在事发后及时揭发对手的恶毒行为，让自己置之死地而后生。

第四，领导者的思路也要灵活，当在一个组织内部不能获得支持，成员对自己极端排斥时，领导者可以转到其他“战场”，借助其他组织的力量，或者其他途径让组织成员认清现状不足，减少变革的风险和阻碍。当领导者转向其他组织时，有四点情况一定要注意：及时告知不了解情况的外组织真实情况；向他们说清自己为什么要进行变革，应对这次挑战；积极从外界获取支持，比如与某个社会组织或者政府机构联系；抱着真诚的态度和耐性等下去，直到行动的成功。

第五，和一个志同道合者建立同盟。领导者不应该是一个人处理应对这些危机，他们必须要找到合作者和支持者，在危难时帮助自己，提出问题的解决之道，一针见血指出领导者错误。如果合作者寻找合适，对你将有极大的帮助，有利于开阔视野，取长补短。

印度著名领袖甘地和尼赫鲁就是一对配合默契的好搭档，虽然他们性格不合，政治观点也不尽相同，年龄上也存在着较大差距，但是他们互补的性格却让他们配合得亲密无间，一起努力将印度向独立方向推进了一大步。一位历史学家对他们评价道：“他们虽然在想法、性格和做派上有天壤之别。”甘地虽然学习过法律，但生活方式简朴，就如同印度佛教徒一样，对人生、世界有着超脱的见解，对英政府实行“非暴力不合作”的抵抗。尼赫鲁比甘地小20岁，性格比较急躁，崇尚暴力革命，但是他们一直保持着真诚开放的关系，当有不同见解时及时提出，保证对方少犯错误。甘地曾经对尼赫鲁说过这样一段话：“当我的意见不能说服你的灵魂或心灵的时候，请拒绝我。你如果勉强隐忍，我不会喜欢。”虽然甘地认为尼赫鲁有些急躁和冒进，但是从没有否定尼赫鲁的抗争方式。

尼赫鲁认为甘地："改变了印度人的内心世界。他就像一位心理医生，深入病人的过去，找到了埋下的祸根，帮助人们摆脱了病魔的干扰。"甘地在得知这段话后第一时间发布了声明，向公众说明印度的解放工作并不是他独自完成的，尼赫鲁给予了他很大的帮助，是他前进路上不可或缺的搭档和战友。尼赫鲁在政治斗争上锐意创新和进取，甘地在后方默默支持奉献，保证他的斗争安稳无忧。尼赫鲁曾经不想去任职国大党主席，甘地的劝说坚定了他任职的信念："冷静下来想一想现在的局势，不要在这个关键时刻放弃，虽然局势让人灰心，但是我们必须坚持下去。"甘地的话给了尼赫鲁很大的安慰，正是这段针对尼赫鲁个性的劝说让尼赫鲁抛开了个人不满，重新走到政治舞台保护自己的战友。

领导者与搭档之间互相了解、互相鼓励支持可以在挑战面前获得极大的勇气，做出正确的抉择。领导者尽管知道挑战存在着风险，前进路上会遇到挫折，但是他们还是会一如既往走下去，不断挑战自我，实现突破。也许，稳扎稳打的小步进行方式是更为有效来对付未知风险和失败的有效途径，也能够给追随者更多的安全感，更好地控制局面，以期获得更多的进步和飞跃。面对挑战的过程也是一个学习的过程，领导者不断积累经验，不断吸取教训，在失败中学习，在学习中取得进步。领导者不仅要自己及时吸取教训，不断学习，也要让团队成员、员工从中吸取教训，学习经验，带领一个团队在挑战面前不断进步，最终打开新的局面。

第四章　至臻之境实现卓越领导力

一个领导者完成了"明明德"、"亲民"后并没有真正完成任务，他最终目的是"止于至善"，达到一种至臻之境，实现最初规划的愿景。"止于至善"是中国古人一直追寻的境界，也是领导者不断为之奋斗的愿景。领导力的至善之境就是带领员工实现梦想，达成愿景。

弗朗西斯·赫是美国女童子军协会的常务董事，她这样总结在童子军的经历：

我们做的第一件事，就是逐步建立一个让规划和管理具有相同内涵的规划系统。它是一个让规划和管理具有相同内涵的规划系统，是一个面向335家地方理事会和全国组织的共同系统。我们编写了一篇协会规划理论来调动60万成年志愿者的积极性，以完成我们帮助年轻女孩成长并发挥其最大潜力的使命。如今，我们的人都感到，我们已经变得比以往任何时候都更团结、更有凝聚力。

我只是觉得，我们迫切需要用一个清楚的规划系统来定义角色，以区分志愿者、运营人员和政策规划者。有了这个系统，即使是在最小的童子军小队中有什么需求、趋势或别的东西，都可以顺畅地传达到决策者那里，以便他们对正在发生什么以及需要继续做什么一清二楚。我们有300万会员；我们真正倾听女孩们及其父母们的声音；我们已经设法去帮助处境各异的女孩。我们会说：我们可以向你提供一些有价值的东西，但是反过来你也有可以给我们的东西。我们尊重你的价值观和文化；如果你翻开我们的指南，那么即使你是少数民族，你也会在其中找到认同。这个系统的最大优点在于，美国的每一个女孩都能看到这个计划并了解她自己。

弗朗西斯·赫的成功就在于她对愿景有明确的规划：建立一个迅速响应、兼容并蓄的组织，她的一切活动都是围绕愿景这个中心来进行，向愿景这个目标前进的。一个卓越的领导者不论是以身作则、激励员工、迎接挑战，还是让员工一起行动，其目的都是为了实现已经规划好的愿景。愿景是领导者的一个梦想，号召追随者向这个梦想迈进。领导力的最终目的就是完成愿景，带领员工共启梦想。

领导者都有一个共同的特质：对一个梦想的热情，对一个愿景的投入。他们注重结果，而实现愿景散发出来的热情和力量会吸引更多的追随者。领导者天生就是创造者、梦想家。他们渴望改变，渴望世界按自己的意愿改变，希冀创造奇迹。

领导者的作用在于让这个愿景不仅局限在领导者个人的梦想范畴内，而是变成追随者们共同的梦想。领导者需要让大家一起为共同的梦想努力，他需要众人支持，因此领导者要了解其他人的梦想、价值观和愿景，这样才能找到众人梦想的共同之处，用自己的梦想激活他人的梦想，让其他人知道你的愿景和他人的关系，对他们的帮助和益处。领导者是自信的，有信心通过自己的谈话和行动表现自己的梦想，吸引他人的追随。领导者从来不是孤立的，他需要追随者，需要有人无条件配合他、支持他，而愿景就是获得支持的最有力量的能量源。

卓越领导力来自共启愿景的能力，来自趋于至善梦想，只有能够点燃追随者实现愿景火花的领导者才是一位优秀领导者。

领导力并非与生俱来的，并非少数人的内在特质，也不是上帝专门赠予某些人的特殊礼物。只要学习，只要在人际交往中用心体会，按照《大学》“三纲”逐步修炼，相信每个有梦想有能力的管理者最终都会成为卓越领导者。

领导者虽然看似很神圣，但是只要我们善于走近他，褪下那层神秘的光环，你会发现领导力的修炼并不难。

美国西南航空公司首席执行官赫伯·凯勒尔拥有自己的领导风格：他不拘小节，幽默，在公司中不摆架子，“是个捣蛋鬼、幽默家和拉拉队长”，以及对员工无条件承诺，让他的员工在公司中有一种家庭般的感觉，他为公司建立了一个12,000名忠诚员工的集体。他的独特领导风格赢得了公司员工的高度赞誉，一位管理者这样评价他：“赫伯·凯勒尔的管理在某种程度上使所有的员工为了公司而体现自己的价值。”

只要有需要，所有员工愿意为他无条件加班。如果因为某种突发情况导致飞机延误，飞行员也会帮助整理登机门梯，如有需要，检票员也会主动帮助旅客搬运行李。在他上任的第二年，公司便获得了盈余，以后每年都保持着客观的收益——这在美国航空运输业至今无人能及。他的目标——短距离、高频率、低票价定点运输行业也得到实现。

通过成功领导者案例我们可以发现，领导实际上是一种人际关系，是领导者与追随者之间的和谐互动关系。领导者实际要做的，最终追求的是与他人良好相处，让他人喜欢你、追随你，甚至仰慕你，按照合理规划的愿景与你共同奋斗。

良好人际关系的获得需要很多素质，对于一个领导者来说要求更多，不只要有接触的能力，还要有很多重要的道德品质。

首先，做一个诚实的人。与人良好交流的前提是信任，信任的前提是诚实。人与人之间的相互信任是一种资源，当你具有这种品质，你就拥有了这种资源。日久见人心，只要你一直保持言行一致，员工会信任你，希望你成功，无条件助你一臂之力。

其次，公正客观不盛气凌人。一个领导者并不需要讨所有人喜欢，也没有必要让所有人满意。他们所需要的是坚持真理，坚持正确的事情和决定，这样做出的决定才能让所有人服气。但是也要切记，不能依仗自己的权力，漠视员工尊严。

成功领导者的经验实现了这样完美的结合：既可以和善，享有关心、体贴人的美名，同时又坚强有力，处理工作不偏不倚，保持正确。拥有平易近人的品质，与你合作的人会感到开心。如果你面带诚恳、关切的微笑，公正公平对一个员工提出批评，做出明确的指示，那么，你必定会获得理想的效果。员工会觉得你平易近人，乐于遵照你的指示做事，工作效率也会提高。相反，如果你盛气凌人不留情面，独断专行，员工一定会有逆反心理，你们很难达成一致。

第三，宽以待人。一个成功的领导者一定要胸怀博大，不要过分指责员工的缺点，而是宽恕员工的无心之失，给他们改正的机会。对工作中的失责，不会直接在会议上指明，一般都是在会下一对一地单独指出，充分顾及员工的自尊。如果员工犯的错误较严重，领导者会采取恰如其分的处理方式，尽量给员工改正机会。这样，员工才能更加卖力为你工作，不计较个人得失。

宽容对企业领导者是一种杰出的美德，是友善、明智与信任这些高贵品质的集中体现，对塑造领导力有积极的促进意义。

领导力并不神奇，虽然不至唾手可得，但也可以由《大学》发现一条捷径。“三纲”仅仅为致圣领导力搭建了一个框架，具体如何实现，留待下文的“七证”、“八目”详细为您解读。

第二篇

“七证”深化领导修养

“知止而后有定，定而后能静，静而后能安，安而后能虑，虑而后能得。”

“知、止、定、静、安、虑、得”这七个字便是“大学之道”的七个修证层次，即“七证”。虽然看起来平平淡淡的七个字，但这不仅是曾子专门提出的修身方法，象征了先秦时期儒道不分家的中华传统文化精华，也是作为一名优秀领导者由浅入深，一步步完善自我修养，登堂入室的不二法门。

第五章 “知止”境界

——自我认知

“知”——对内心的真诚关注

“七证”第一个层次便是“知”。“知”这个字在当代已被广泛使用，知识、知道、知觉、知己都是从这个词衍化而来，在这些词组中，“知”可以解释为“知觉”。但是在七证中，“知”并非如此简单。

追本溯源，为什么在生命中会有这样的作用，可以天然、本能地知道一切事和一切物？一直以来，我们都认为这是生而知之，也就是说是一种生命体或人作为万物之灵的本能，因为人类有灵性，有发达的大脑，因此能感知万物。但这种说法，无论是灵性、大脑，还是本能知觉都是人类文明产生之后，人类自己的看法和认识，客观性和科学性有待进一步论证。因此，“能知”的原因，这个“知”如何产生，从何而来，一直是科学上、哲学上悬而未解的问题。

在中国哲学史上，自佛家哲学传入中国后，往往把“知”和“觉”认定为同义，但如果从科学角度解释，这两个字并不相同。“知觉”和“感觉”是层次不同的两种心理意识。初唐时禅宗六祖慧能的弟子菏泽神会禅师就直接指出：“知之一字，众妙之门。”“知”，是入德之门，是悟道的基础。

中晚唐时期，在禅宗最为兴盛的时候，禅师们已经现身说法，对“知之一字，众妙之门”做出了最形象、最贴切的解说。

《禅宗公案》记载，香严禅师向沩山大师参学很长一段时间后，沩山大师对他说：“虽然你聪明伶俐悟性很高，对一些问题可以举一反三，问一答十，但是对于生死，宇宙根本这些学问你可以说得出来吗？”香严禅师被沩山大师追问得不知所措，请求沩山大师为他说破这些问题，沩山大师说：“这些问题即使我告诉你答案也始终与你无关，我懂的始终是我的，要想真正明白还是需要自己参破。”

香严禅师听了之后心灰意冷，把平时看的经书全部烧掉了，决定做一个到处游走化缘的游行僧，不再学习佛法，免得劳心劳神。于是，向沩山大师拜别，大哭而去。香严禅师到了南阳后住在慧忠国师曾经住过的寺院里。一天，他在院子里铲草，碰到一块瓦片，他随手一抛，瓦片打到竹子上，发出“啪”的一声。香严禅师忽然开悟了，立刻回到住处，净身焚香，向沩山大师住的方向叩拜：“大师，您真是恩逾父母啊！如果您当时说破，我也就不能有今天的顿悟了。”他写了一首偈语：

“一击忘所知，更不假修持；动容扬古路，不堕悄然机。

处处无踪迹，声色外威仪；诸方达道者，咸言上上机。”

这个故事说明，只有忘其所知，才能接近入道之门。

道家创始者老子在《道德经》中也提出过“绝圣弃智，民利百倍”。老子认为那些自以为拥有很高智慧得道的圣人，正是社会动荡、苍生不安的根源。自称有知识的智者越多，百姓就越得不到安宁。因此，老子更主张“知者不言，言者不知”，“大道无名”。

佛、道两家的这些故事共同说明了一个问题：“知”并不是心性道体无上妙法，不是道的本体，只是一个基础，是“所”，是由一个能知的“所”生起的最初作用。

作为一个领导者，在“知”这个层面能做的就是先忘掉自己领导者的身份，忘记世俗加诸在领导身上的种种条框，种种权利和义务的规定，把自己作为一个普通人来看待，关心自我提高，而非如何向下属展示领导者权威。

每个行业的从业者都要依赖一些工具来实现自我价值，画家运用画笔，编程师运用电脑，但领导者依赖的只有他们自己，只有把握自己才能真正掌握领导力。自我的完善提高对领导者来说并不等同于不断吸收大量新信息或尝试新技术，而是要求领导者释放出那些深存于灵魂深处的东西，解放内心中受到束缚的领导潜能，给自己充分的行动自由。

领导者虽然要求有过人的智慧和能力，但是《大学》中“七证”的“知”首先要求的是领导者对内心深处自我的清楚认知。通过不断的自我提升获得作为领导者所需要的自信，明了自己拥有的力量。因为当领导者意识到自己有这些力量并采取恰当的手段开发它们的时候，这些力量才能日益强大并发挥应有作用。

当一个人决定掌握领导力艺术时，他或许应该首先考虑如下问题：

> 我从内心认同这种愿景和理念吗？
>
> 什么给予我勇气，让我敢于直面困境和不稳定的环境？
>
> 我会如何处理疏忽、失望和失败？
>
> 我有哪些优点和缺点？
>
> 我应该采取哪些措施提高自己，领导组织进步？
>
> 我应该与追随者保持怎样的紧密关系？
>
> 我怎样让自己一直拥有过人的勇气和永不消失的热情？
>
> 我永不放弃的动力是什么？
>
> 在这特殊时刻我是最合适的领导人选吗？为什么？
>
> 我对组织了解多少？包括目前及最近发生的事情和组织所处的大环境。
>
> 为应对组织陷入的复杂问题，我做好准备了吗？
>
> 在职业生涯的10年内，我会将组织领导到哪种境界，什么层次？

反思内心，诚实回答这些问题，你将体会到，你需要做的是站在全球视野上，不断拓展眼界，站在时代发展最前端，把握时代发展的脉搏，甚至引领时代、社会的发展方式。以本领域为立足点，不断扩充其他领域知识，会让你自信自如地进出于其他领域。一个领导者应该努力寻找机会学习各种知识——政治、经济、社会、艺术，所有知识不仅会对组织产生积极影响，也会日益完善你的个人修养，不断反省自身以期获得更大提高。

通过认真回答这些问题，你会发现大多数情况下解放一个人同强制一个人一样会造成压迫感。但是你不要沮丧，逐渐你会发现凭借自己的能力，你所挖掘的正是灵魂深处的东西，是真正的自我，是真正属于你的东西，不是别人强加给你的东西，真真正正、完完全全是馈赠给自己的礼物。

CMP电子传媒集团经理提姆·俄维纳曾说过：“相信自己的原则和信任给我勇气度过困难的岁月，做出艰难的决定。”

史蒂夫·罗斯柴尔德的领导转型之路告诉我们，要及时倾听自己内心的呼唤。

史蒂夫·罗斯柴尔德曾经作为通用磨坊最有潜力的管理者，他创建了优沛蕾酸乳酪业务，并通过努力将这项业务发展成为价值10亿美金的业务部门。他在30岁时就被提拔为公司的执行副总裁，在成为副总裁之后，他开始面临人生中的种种挑战与困难。担任这个职位8年后，他有一种不安定感，觉得空虚，没有了在职业生涯初期领导团队成功时的成就感。在公司未来发展方向上，他与公司产生了矛盾与不一致，他的目标是将公司发展为拥有国际事务的跨国性公司，但是当上司要求他向董事会提交他对公司远景的战略报告时，他遇到了前所未有的阻力。“我认为我们有能力也有必要成为一家国际化的公司，因为我们不能永远依赖国内业务。”

不久之后他去西班牙出差，在出差期间，总裁打电话告诉他，公司的CEO不同意他的意见，不希望对公司进行国际化战略。史蒂夫回答：“我不能改变我的想法，因为我不认同CEO的策略。尽管CEO

希望我改变我的想法，但是他从没有与我正面交谈过，也一直没有深入了解我的想法。”经过这件事情，史蒂夫了解到这样一个令人不快的事实，他和公司的方向产生了分歧，他丧失了工作目标，丢失了工作给他带来的兴趣和热情。“我陷入了一个自己并不喜欢的工作中，我认为我应该采取一些其他的措施让自己重新焕发活力。”史蒂夫一度非常沮丧。

接下来，史蒂夫请了一年的长假，这一年的时间他一直在家里陪伴妻子和孩子。长假后，他决定辞掉现有的工作。这段时间，他仔细审视内心，发现自己的真正兴趣在于帮助穷人和弱势群体实现经济独立并有能力组建自己的家庭。他用自己的钱创办了Twin Cities RISE，这个组织是一个培训类的组织，为失业者和就业不足者，特别是非洲裔美国男子提供培训，帮助他们提高工作技能，使他们的年收入至少可以达到2万美元。

史蒂夫这样总结这段曲折的经历：“离开通用磨坊对我来说并非灾难，而是上天赐给我的另一个机会。它让我可以深入自己的灵魂，让我有机会重新审视自己的婚姻和家庭。离开通用后，我和家人的关系变得越来越亲密，越来越深入。离开通用的这个决定使我变得更加完整，更加有成就感，也更加快乐。”

在卓越领导者的事迹中，无一不表明只有拥有明确的个人理念才能出色领导他人。纳芜泽特·麦特·托普库认为成为领导者一定要“与核心理念相联系”，“必须打开胸怀，必须对自己诚实，才能对别人诚实”。

怀特·肖作为Visto公司经营开发部的副经理，拥有多年的领导经验，他也认同这一观点：“最重要的是明白你内心的信念，如果没有强烈信念，人们不会追随你，甚至不会关注你。”

如果忽视内心的强大力量，也许就会变得如同一位不成功的中层经理人说的那样：“我忽视我的内心，不去倾听自己的声音，像行尸走肉。如果我自己都不愿意倾听内心的声音，其他人怎么可能追随我呢？现在，我必须让其他人知道我在想什么，我要为我的理念而斗争。”

在领导者成长历程中，个人内心的认知和探索十分重要。首先要解决的便是内心不和谐的声音，在掌握广泛知识和拥有丰富经验的背景下，提升自己的价值观，“知”这个基础才能稳定，这样才能更好领导他人。

“止”——恰如其分，止于至善

有了“知”的基础，可以进行第二层次“止”的探究了。“止”按照书面意思是停止，但是为什么要停止，停止什么，怎么停止便是一个复杂的命题了。“止”有两个内涵：

一是内在含义——内明之学的“止”，也就是宋儒理学家们借用庄子所说的“内圣”之学的“止”。

二是外用含义——外王之学的“止”。无论是国家领导人还是某企业某行业的领导者，哪怕是领导一个家庭的家长，或一个普通人，如何合理控制自己的思想，做到恰如其分的“止”，都是一件不容易的事情。

“止”的含义在内圣与外王两方面是相辅相成的，只有从内明的“止”入手才能引申、过渡到外王的“止”的作用。但无论这个“止”是内明还是外王，最根本的还是要从“知止”这个含义及逻辑关系去把握，这样才能理解更透彻，明白“止”在“七证”中的地位及要发挥的作用。

“知止”这个词语首先便涉及次序的问题，是先“知”道后才可以“止”，还是先“止”才可以“知”。正确的逻辑顺序是先“知”后“止”，也就是先由理性的“知”做主导，发挥主观能动性的作用。“知”是主，是主动的；“止”是宾，是客观、被动的，是“知”作用的承载者。在日常生活中，我们看到前面有红灯会停下来不走；吃饱饭后，胃满足了，反映到大脑中就会不想吃了。在这里，“知”为主，感官感受外部环境，“止”则是宾，对外界环境的合理反映。“止”的作用依赖两个字的逻辑关系，缺一不可，前人往往只关注“止”，忽略了“知”，忽略了整个逻辑链条中的完整推理过程和关系。

不论是领导者还是平民，我们的思维和思想，从清晨起床开始到夜晚入眠，在一天的活动中，有谁可以理得清记得住究竟产生过多少想法、幻想和乱想？更不用说在这些思想中纷至沓来的各种稀奇古怪的梦，在夜间还继续扰乱我们的思绪。因此，把思想情绪抚平，清清静静、安安宁宁地放置在一个宁静、祥和的境界中是很难做到的，但并非不可以做到，关键就在于人们是否知道怎样“知止”。“知止”的内明之学需要每个人先清楚地知道自己的心理状态，更确切一点说是自己的思想和情绪。英雄征服天下人易，征服自己难。因此《大学》中的圣人之道第一要义在于征服自己，只有先征服自己，控制自己的思想情绪，让自己的心思回归平静，初步达到老子所说的“专气致柔，能婴儿乎”的境界，才能逐渐达到“知止”而步入明德的境界。

“止”的外王作用，指的是在这个社会上，每个人都要给自己明确定位，知道这一生自己能做什么，要做什么。在具体到某件事情的时候，知道自己如何去做，“止”于这一理念才会处变宠辱不惊，做事不骄不躁。

“知止”对领导者提出了两方面的要求，一是探究自己的内心，二是保持谦卑的心态。

Miller公司前任董事长兼CEO马克斯·德普瑞认为“领导者的首要任务是先找到自己的声音”，如果你说的话不是自己深思熟虑后的真实想法，而是照抄书本或他人的话，久而久之，必然造成行为和语言的脱节，丢失追随者的支持。

关于领导者的起源，有两种不同的说法，一种认为“领导历程始于烦恼”，另一种说法认为“领导历程始于关心（care）”。如果翻开英语字典查找“care”这个词的话，很容易发现“care”第一个含义是“心里感到烦恼、忧伤”，这意味着痛苦和关心，不快和关注都来自同一源头。每个人内心深处总有一些十分在意的东西，如果这些东西遭到损害，我们会感到难受和伤心。这些东西我们是会用生命来保护的，丧失它们我们会痛不欲生；得到它们，我们会兴高采烈。因此，这两种说法其实殊途同归：领导历程始于你在乎的东西，始于你想牢牢把握不丢失的东西。领导者必须要找到自己的声音，而要找到自己的声音必须审视内心的想法，彻底深入地在内心深处进行考察探访，挖掘出埋藏在灵魂深处的宝藏，向追随者展示你最宝贵的东西。

作为领导者，必须清楚意识到什么是自己真正关心的，只有在最在乎最关心的原则下领导大家，才会迸发出持久的热情，否则只是虚情假意，不仅很难达到应有的效果反而会弄巧成拙，自己敷衍就没有资格要求追随者全身心投入。我想，如果自己都弄不清楚内心深处最真实的想法，怎么将它们表达出来感染追随者？要想成功领导别人，必须在内心深处做一次心灵之旅，找到打开心灵之门的钥匙，点燃心灵的火把，照亮内心深处每一个不为人知的角落，寻觅到真实的想法。

很多时候一次惊心动魄、难以忘怀的经历，一些领导者才能真正探知到自己的内心，知道自己想要什么，美国脱口秀女王欧普拉·温弗莱的经历正说明了这一点。

欧普拉·温弗莱出生于密西西比河乡下的单亲家庭，家境非常清贫，母亲为了工作搬去了北方，所以她必须和外婆一起生活。她认为她日后的成功很大程度上归功于这段时期的生活。外婆亲自教她读书认字。欧普拉从小就喜欢读书，她认为书籍为她打开了一扇了解外界的窗子，让她相信生活中有无限美好的希望，她也相信自己一定会过上与众不同的生活。

在9岁那年，厄运袭击了她，欧普拉搬到密尔沃基与母亲一起生活。在那里，她遭到了表兄的强奸。在与母亲生活的5年期间，她多次遭到了其他家庭成员和朋友们的性骚扰。她一度非常悲观，“也许生活的本来面目就是这样”。14岁时，她早产生下了一个孩子，但是孩子14天之后就夭折了。

在读大学之后，欧普拉还继续着挫折和失败，虽然她一直追寻着成功。她还记得她第一次参加广播节目时的情况：“我感觉很不习惯，而且我当时想模仿芭芭拉·沃尔斯特，但是没有成功，我被同学们嘲笑为‘抄袭鬼’，我当时强硬地回应他们：‘是的，但是至少有人愿意掏钱来看我抄袭。’”

童年和少年的经历让欧普拉不好意思拒绝别人，总是希望满足他人的愿望，取悦他人，尽管她成立了世界上最兴旺的媒体公司之一，拥有名为Harpo 的制作公司，Harpo就是她名字的颠倒拼写。直到一天，当她采访名叫特鲁迪·切斯的嘉宾时，听到嘉宾讲起幼时遭到性骚扰的经历，她忽然情绪失控，激动得热泪盈眶，摄影师记录下她情感变化的一幕。切斯的故事让她反思自己，她的悲惨遭遇并不是自己的错。从此以后，她的心理状态发生了改变，她不仅关注自我的需要，并且扩展到帮助他人，尤其是年轻女性，用自己的力量帮助她们取得成功。

欧普拉发现以前的她一直在寻找被关注和被爱，一直希望被人称赞她“很有价值”，但这件事情发生后她终于意识到在这个世界上她并不需要通过别人的夸奖来体现自己的价值，“我只要对我自己负责就可以了，我生活的目的并不是取悦他人，而是要发现我内心真正想要的东西”。她不止一次对外宣称，她的节目想要表达的主题始终如一：“你最需要的就是对自己的生活负责。”欧普拉的所作所为已经超出一位媒体名人的范畴，她拥有的领导力对成千上万名观众产生了不可忽略的影响，鼓励他们勇于承担起生活的责任。

虽然欧普拉童年的经历——清贫和虐待很容易让她自怨自艾，不敢为自己的命运抗争，但是她最后还是成功战胜了这一切，用一种坚强、积极的形式为自己的生命重新注入能量，让生活焕发了新生，实现了自我超越：她一方面对自己生活负责，一方面用自身强大的力量鼓励其他人也对自己的生活担负起责任。

欧普拉多次为非洲国家捐赠生活物资，帮助他们战胜贫穷和疾病。2004年她为欧洲人民送去了一飞机的书籍和生活日用品，并且花费3,000美元建立了一所专门学校，这所学校旨在帮助年轻女性获得教育。

很多人总以为如果小心谨慎绕开困难和挫折就可以顺利地度过一生，这种想法很没有依据，而且是很粗浅的。生活对每个人都不公平，只有在经历过危难的时刻，人们才会发觉，卓越领导者的任务并非单纯实现自我价值，他们的最终使命是帮助身边的人获得最好的成就。虽然欧普拉在36岁时才完成了这个转变，但是这种转变是根本性的，为她带来了更多成功。所以，一位领导者只有经历过一些真正的变故之后，才会真正对自己在世界上的位置进行定位，才能体会到在走向理想的道路上是多么举步维艰。

“要想真诚做事必须先了解自己”，这是“知止”中“知”对领导者最基本的要求。一旦领导者知道自己支持的东西是什么，关注的东西是什么，才会拥有强烈的信念，在艰难时刻按照明确的理念做出正确的选择，为自己的生活事业负责。

“知止”对领导者的另一个要求是，戒骄戒躁，时刻保持谦卑的心态。

当领导者探明内心真正的想法，想用坚定的语言和行动将它们表达出来，并拥有大量追随者时，领导者很容易会拥有一种优越感，对自己能够施加给别人的影响而沾沾自喜，甚至得意忘形，变得骄傲自大。这个时候，被胜利冲昏头脑的领导者需要注意了，因为在大多数情况下，权利对领导者有着强烈的诱惑。所有心术不正的领导者，毫无例外都会患上自大跛扈的疾病，在唯我独尊的情况下不知所以，最终以失败告终。这种结局的出现，关键就在于他们不懂得“止”，不懂得在人生顶峰时的收敛与自查。

那么，领导者如何避免骄傲自大呢?

时刻保持谦虚，在荣誉和成就面前不骄不躁，是解决领导实践中危机和困难的不二法门。《易经》六十四卦中，除了“谦”卦之外，其余六十三卦都吉中含凶，凶中带吉，只有“谦”卦是真正的宁静祥和没有一点凶兆。作为领导者，必须认识到自己不过是能力和信念略强一些的普通人而已，并非战无不胜的神，一样的有弱点，成功需要他人的帮助。一次小小的胜利和成就并不能说明什么，但是如果一旦粗心大意，失去永远比得到的多得多。只有意识到这些，领导者才能避免自高自大。亿康先达国际咨询公司名誉主席亿康先达曾经告诫他人：“听听你的同僚们在说什么，他们知道的比你多。保持谦卑，能屈能伸并改正自己的错误。”

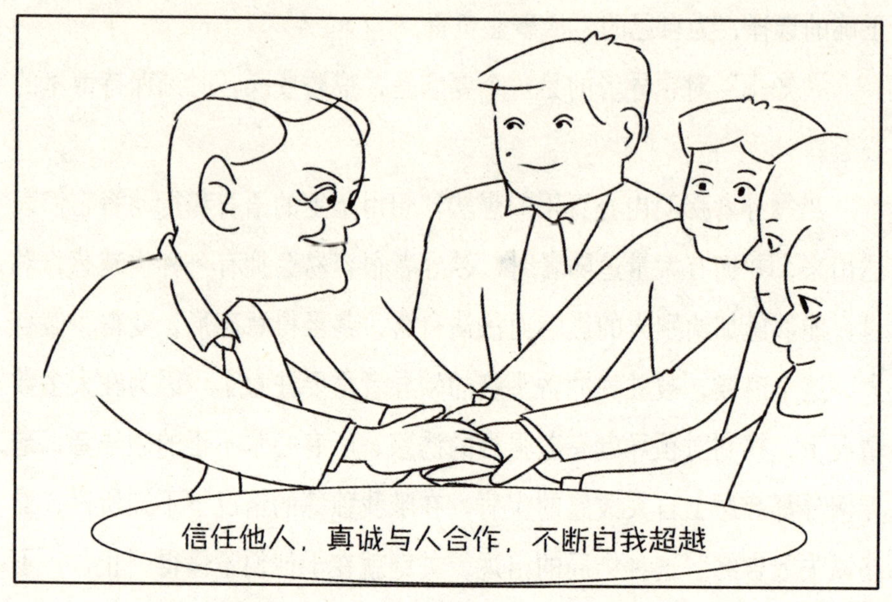

卓越领导者需要有团队合作的思想，意识到他人的力量，“独木难支”，必须广泛整合各种力量才能高效完成任务，一个人很难做成事情。虽然有些领导者在职期间取得了一些成绩，但是一旦离职，他们只留下了虚弱无力难以为继的公司，出现这种状况的根本原因就在于他们在职期间虚妄自大，逐渐失去了进取之心，事业半途而废。取得一定成绩的领导者往往是谦卑的、自省的，认识到他人的巨大力量，信任他人，真诚与人合作，不断自我超越，取得一个又一个成就，在事业上获得重大收获，成就个人事业。

电信公司曾经的执行官盖尔·加文曾经因为过于自大遭遇到了事业上的滑铁卢，在不到一个月的时间里从最好的程序员沦为宾州贝尔最差的部门主管。她回忆道：“我实在不敢相信自己居然那么糟糕。我不知道如何授权。一旦有人向我请教工作上的难题，我会立刻动手亲自帮他们解决。这样就导致了所有关键步骤都要由我亲自做，而我的小组什么都做不了。我的上司发现了这个问题，为了让我意识到我的失误，他给我上了一堂非常特别的课，他派给我很多项复杂的任务。这对我来说根本不现实，我的团队每天都要工作到凌晨四点半，我每天都要加班才能完成工作。”忍无可忍的盖尔冲到上司的办公室抗议道：“这不公平，我一个人要做10个人的事情。”

她至今还记得上司当时的话和表情，上司冷静地说：“这份工作是要10个人做，但是你确实拥有10个人啊。让他们去工作吧。”真是一语惊醒梦中人，盖尔马上回答：“我明白了。”

作为一个领导者，你是否也是很难接受别人的批评意见呢？虽然接受批评意见对人们来说很难，但正是这样有效的反馈才让领导者真正意识到自己的不足，让他们明白优秀的领导者不只要关注自我还要关注他人，要学会激励与授权，懂得自己仅仅是团队的一员，离开团队一事无成。

领导者也是凡人，不可能完美无瑕，同样存在弱点，会有失误。因此，对于那些能力卓越，不断自我提升来成为领导者的人，“知止”尤为关键。保持谦虚，才能指引你在成功路上越走越远。

南非总统曼德拉领导风格的转变之路是最明显也是成效最大的。年轻时，曼德拉带领追随者进行了多次反对种族隔离政策的游行示威活动，并在这些活动中坚持以暴力反抗当局者。1956年，曼德拉以“煽动暴力”的罪名被南非政府投入监狱，长达4年之久。4年之后，政府将其无罪释放，但政府并没有放弃监控曼德拉，时隔不久，曼德拉再次以“政治罪”的罪名被捕，并被宣布不得保释。

整整27年，曼德拉都在监狱中度过。尽管随着年龄的增长，他逐渐体力不支，但是还是被迫做大量体力劳动。直到后来，国际上反对南非政府的呼声越来越高，很多大型跨国集团也开始对南非政府进行贸易抵制，迫于压力，政府于1990年将71岁的曼德拉释放出狱。

4年之后，曼德拉被选为南非总统。担任总统之后，他并没有仇视那些曾经折磨过他、抓捕过他的人，反而公开感谢那些在他入狱期间照顾自己的看守，主动与当时迫害他的人和解。曼德拉原谅了当年宣判自己入狱的法官，与发动暗杀的少数党首领进行谈判。是什么让曾经宣扬暴力的曼德拉变得如此宽容？或许我们要从曼德拉的灵魂深处开始寻觅答案。

作为有色人种，曼德拉一生都是在歧视、不公与仇恨中度过的。在监狱的那段时间，曼德拉深入思考了当前的政治局面和国家的未来，他为自己确定了一个远大的目标：希望自己的民族免于内战，让整个国家重新团结一致。在被释放的当天，他对前来庆祝的人们说了这样一段话，表明了自己的立场：“此刻，站在你们面前的并不是一位先知，而是你们谦卑的仆人，是你们不知疲倦的英雄般的奋斗让我今天站到了这里，我要把自己的余生交到你们手里。”

曼德拉的坎坷经历让他明白了这样一个道理：领导者需要做的并不是让人们无条件追随自己，而是要使自己融入他们中间。领导者的工作是要把不同背景的人团结在一个共同的新愿景之中，大家一起奋斗，共同为南非美好的明天努力，为南非人民带来更好的未来。曼德拉的伟大之处就在于他有力量将人们团结起来，一起为南非事业努力；他做决定时忠于内心，不受其他因素干扰；他相信人民，相信人民给了他渴望已久的自由；他以让人民生活更美好为奋斗目标。

因此，一位领导者要想真正领导他人实现愿景和目标，必须学会放弃个人英雄主义，保持谦虚的心态。

国学大师南怀瑾先生也曾经用禅宗临济大师的一首偈语来说明人生修养如何做到“知止”。

这首偈语是这样的：

沿流不止问如何？真照无边说似他。离相离名人不禀，吹毛用了急需磨。

这首偈语是临济大师在临终前所写。临济大师一生严格教导弟子，临终前特别告诫弟子要勤谨修行，不可松懈。

第一句：“沿流不止问如何？”每个人的思想、情绪、意识在有生之年的每时每刻都是如水流一般滔滔不绝，绵延不止。或者因事生感，或者对境动心，看上去永远没有办法让其停止。试问，如何才能让他们停下来呢？

第二句：“真照无边说似他。”“他”在这里指的是道。这句话是说，你必须要时刻反省，认识自己天生本性就有一个“能知”之性的作用存在，这个“知”就如同神通广大的照妖镜一样，自己的反省就如同锁住视线，对镜照面，由自己来管住那些不着边际的幻想和妄想，这样逐渐看不到镜中的虚像幻影，镜子空灵清净了，当达到这个境界时便可以说接近道了。但需要注意的是，即使这样，也只是“似他”而非真正达到大道。

第三句：“离相离名人不禀。”其实与人的生命本性息息相关的道体是与一切名、相分离的，但是人们却始终不明白、不理解也说不清楚这一现象。而且道也不会永远依附在你身上，过分追逐名相必然会导致一场虚空。

第四句：“吹毛用了急需磨。”吹毛，代指锋利的宝剑，即宝剑锋利到把毛发对着剑锋一吹，毛发就断了，这里的吹毛指的是人们的聪明才智。这句话是说，无论你多么聪明，能力多么卓著，如果不能随时反省内心，回归平静的话，很快会陷入浮躁。所以，无论一个人多聪明，拥有多高智慧，就像一把吹毛立断的宝剑一样，也要学会及时反省，好好保养，用过之后及时磨砺。

这首偈语用简单的语言向领导者传达了禅师深邃的思想，“知止”是一种领导力的修养和态度，是通向致圣领导力的入门阶梯，必经之路。

第六章　止而后定

——修养的沉淀

《大学》中讲到“知止而后有定”。“七证”第三阶段“定”的分析要从与“止”的关系来入手。按照这句话的字面意思，“止”是“定”的因，“定”是“止”的果，“止”是“定”的前奏，“定”是“止”的效果。

但要进一步说明“止”与“定”的关系，还要借用佛学的说法才能更精透一些。

佛学最基本的修正原则可以概括为“戒、定、慧”三字。所谓“戒”，类似于中国上古文化的礼学，“礼仪三百，威仪三千”是礼仪社会行为的起点，进而延展至立身处世，甚至与人类社会的整体道德、法律的法理密切相关。

“止”、“定”的修证学问则是佛学求证大觉的中心。首先要涉及的是印度梵文的翻译问题。梵文译成中文后，流传最广、对后世影响最深的就是“禅定”这个词。“禅定”来自于梵文的“禅那（dhyana）”，含有寂静精思的内涵，魏晋后的翻译便借用了《大学》“知止而后有定”，保留了原来的“禅”音，结合“定”字，形成了“禅定”这个词，充分表达出“思维修”的内涵。

虽然在大小乘佛教中把“止”和“定”的功果境界统称为“三摩地”，但如果仔细考证佛学修为，“止”和“定”的作用和境界实际上是不同的。佛说过“如香象渡河，截流而过”，这是对“止”状态很贴切的比喻。凡人要想停止纷乱无序的心思，就必须拥有如身大力壮的大象，有力量从波涛滚滚中截断河流然后再从容过河，这种截流就是“知止”的状态，涉及了“止”的外王作用，在面临多变的世事时，临危不乱，收放自如，宠辱不惊。

关于定学的说法，大小乘佛学有着不同的原则。在小乘佛学中，定学成为四禅八定，指的是世间任何宗教、教派，包括佛教，以及一般研习者都可以进入的一种身心修证境界。它的进度层次分作四禅：初禅，心一境性，离生喜乐；二禅，定生喜乐；三禅，离喜妙乐；四禅，舍念清静。它的心智境界分为四定：空无边处定，识无边处定，无所有处定，非想非非想处定。佛认为四禅八定是共法，佛法和其他方面的修证程序，在身心过程中有经验相同、身心相同的感受。佛法与其他方面的不同之处在于“定”境方面，也就是阿罗汉的“灭尽处定”。佛法将它综合称作“九次第定”，这是小乘佛学的修证功夫。

“定”如果用道家观点来讲的话，是一种“内视”和“精思”的学养内涵。庄子曾提出“神明来舍”，管仲也提出“思之，思之，鬼神通之”的心术重要性。但必须指出的是这里的神和鬼并非迷信和民间传说的含义，鬼指的是一种阴暗不明的精神；神，指的是上下通达的状态。

大乘佛学对“定”又有另一种说法。大乘佛学虽然肯定“四禅八定”的重要性，但认为“止”和“观”这两个中心才是真正涵盖了“定学”和“慧学”的用途，“慧学”的成就才是佛智觉的真谛。

在了解大小乘佛学对于“止”和“定”的定义后，涉及一个更基本的问题，如何才能达到《大学》中提到的“定”的状态?

小乘佛学针对这个问题也给出了明确的答案。小乘佛学的“禅观”方法指出了“观”和“觉”两个作用。“觉”就是直觉和感觉，“观”是理性、智知的心态，这意味着，当你反思内心、体察自己思想情绪时，一定会感知和了解到自己眼前的思想和心理状态。当一个人正在烦恼或喜悦时，同时也会清醒意识到这个思维活动。在心理学上，这个意识称作监察意识。在哲学术语中，称为理性或理智作用。这就是小乘佛学说的“知觉和感觉”的“觉”之作用。“观”指的人们有了解内心、体察思想的本能。

按小乘佛学来讲，要实现定的效果，有四个程式：一是有觉有观，是初步的禅修境界；二是有觉无观，是一种半昏晦沉没的状态；三是无觉有观，是心思出位，浮想分散的境界；四是无觉无观，达到心境的一片清明。“虚灵不昧”的境地合乎“知止而后有定”的标准。

“无觉无观”虽然在小乘佛学里达到了最高境地，但是大乘佛学看来，这只到中途。大乘佛学用了更精细的字眼，三个程式分别是“有寻有伺”、“无寻唯伺”、“无寻无伺”。寻，寻找寻觅；伺，锁定目标，等在那里，好比用灯光锁定目标物。因此，大乘佛学认为先用“有寻有伺”的心态去猎捕心态的清静境界，逐渐纯熟之后，达到“无寻唯伺”，不用费力气自然获得平和的心境，最后达到意识清楚、心如明镜的“无寻无伺”境界。

“定”是一种状态，是在明白内心想法之后达到的一种心境平和、清明的境界，是“知”、“止”的必然结果。

历史上很多领导者或者成功或者失败，他们的领导经历或许可以给我们一些启发，保持“定”的状态会更有利于领导力的发展完善。

理查德·米尔豪斯·尼克松是美国有史以来最复杂的总统之一。一方面，他能力卓著，周身散发着耀眼的光环。他可以高瞻远瞩，预测美国20、30年后的状况；也知道如何协调国家间局势保障美国国家安全。他在任期间的访华及很多事件都表现了他的才能。尼克松是美国历史上最出色的战略家之一，如果他能够控制自己缺点的话，很可能他的名字与美国历史上最伟大的总统并列。

但是很不幸，尼克松性格中的阴暗、尖酸、扭曲也占了相当大的部分，而且尼克松从来没有战胜过它们，甚至可能他根本没有意识到这个问题。这种性格阴暗面已成为破坏他事业的恶魔。尼克松在白宫内部成立了一个组织，用来监视可能危害国家安全的潜在分子，但小组后来工作重心发生了偏移，转向了操纵和监视政治选举。“水门事件”的爆发，让他以他名义进行的触犯法律的活动彻底暴露在公众面前，对他的政治前途造成了毁灭性的打击。尼克松虽然有着成为杰出领导者的一切外在条件，但是最终迷失内心，步入失败。

继尼克松之后的两任总统杰瑞·福特、罗纳多·里根，虽然智商不及尼克松，但取得的成就远在尼克松之上。福特十分了解自己，知道自己的优缺点，他不介意聘请比自己更聪明的人来组建内阁，正因为他拥有清楚的意识，虽然在任时间不长，也经历过多次失败，但他可以及时从失败中汲取经验教训，为国家组建了现代史上最出色的内阁。他的人格魅力为美国政府增添了光彩，也挽救了危势之下的美国。

同福特一样，里根对自我也有着清晰的认知，并可以坦荡地接受自己。里根有着明确的定位和目标，不仅在生活上有确定的方针指导，在政治上也拥有坚定的理念。同时，用自己的乐观向上营造了整个美国社会积极上进的氛围。里根在成绩面前保持清醒而非自以为是，总是知道下一步自己应该怎么做。这些优点让他成为继富兰克林·罗斯福后最杰出的总统。而他成功的秘诀也与富兰克林·罗斯福相同：“他只有一个二流的头脑，但拥有一流的性格。”

比尔·克林顿同尼克松一样，也是个人能力十分突出的一位美国总统，克林顿有着突出的个人天赋：心智和口头表达能力远远强于同一政治舞台上的任何人。据与他共事的人回忆道：“我不止一次在椭圆形办公室见到这一幕，克林顿一边与三四个人谈话，一边默默玩着《纽约时报》上的填字游戏。”克林顿的思维具有开放性，能够从多角度看问题，不仅是国家管理者的角度，还包括那些没有发言权的人，如黑人、女性的角度，因此他的判断具有公平性和客观性，做出正确决策也更加容易。

但是克林顿的性格具有残缺的一面，虽然他意识到了这种缺陷并一直努力试图修补，但却一直没有成功。也许，当他性格成熟后再担任总统，会给国家带来更多福祉。《见证权力》一书曾对克林顿这样总结道：

> 如果说尼克松一直都在光明与黑暗之间挣扎的话，我感觉克林顿的核心问题是：他内心没有一个明确的指针。他拥有360度的视角，却没有一个坚定的目标。他的内心不够强大……他不清

楚自己到底是谁，总是希望通过别人的视角来定义自己。这让他变成了一个充满矛盾和冲突的人，而在其他人看来，他似乎也是一个矛盾的混合体，给人一种忽强忽弱的感觉。

在思想上，人是多面性的动物，在最深层次认清自己并非易事，而对领导者来说，认清自己是成为一名优秀领导者的关键。女性世界银行CEO南希·巴里曾当选“美国最佳领导者”，她将自己的成功经验总结为：“要抽出时间了解自己，找到自己的激情。要挖掘自己的内心，找到自己的力量源泉和人生目标。只要你能够做到这一点，就能够改变这个世界并且在自己的人生旅程中获得真正的快乐。”

First Mark CEO林恩·德·罗则用莎士比亚的名言告诫领导者：“要忠于自己的内心。”

当领导者面对的选择越来越多，诱惑越来越大，认清自己、忠于自己也变得越来越难，人会在功利面前逐渐浮躁，让你偏离真正的自己，忘掉曾经拥有的真诚。

如果没有真正了解自己，一个追求成功的领导者很容易受外部信号的吸引，放弃了对真正成功的追求，忘记了当初的目标，逐渐迷失自我。而随着年龄的增长，职业生涯的推进，这些领导者会意识到生活中缺少了某些东西，有些东西正在阻碍自己的进步，离自己想要的生活越来越远。还有一些领导者会疯狂追求触手可及的被外界认可的成功符号——金钱、名誉、股票。这些事物虽然可以让他们获得成功，但毫无疑问，这种成功只是短暂的，因为没有从内心深处认识自己，这些领导者很容易偏离轨道，并在决策时出现严重失误。

领导者如何在日渐浮躁、功利的社会中挖掘真正的自我，唤回已经失落已久的灵魂，做到“知止而后有定”呢？

认清自己的过程与剥洋葱类似。“洋葱”的外壳是你有意识向外界展现出的自己：外表、表情、肢体语言、表达方式等等。认清自己的第一个步骤就是理解自己的外壳，外壳体现着一部分内心深处的想法，体现着自己的弱项与强项，知道自己真正想要得到什么。

向里面延伸的第二层次是价值观，以及真实行动和经历与价值观的冲突。第三层是自己奋斗的动力。剥开这层后就进入了“洋葱”的内核，也就是自己灵魂的深处，发现自己的盲点和弱点以及中间最核心的信念，在社会中的位置。也许真正领悟到“洋葱”内核的人才算近道了，不过要做到悟空也着实不容易。

这些层次由表及里，由粗糙坚硬到柔软细腻，越向深处探寻，你会发现每一层会变得越来越有趣，深的一层比浅的一层更柔软，保护得更好，更不希望别人探知。一个人的经历越多，层数也就会相应增多，在与外界进行互动的过程中变得越来越复杂。

认清自己，可以让他人评价你，通过从他人那里获得反馈来了解自己。Verizon通信公司的朱迪·哈伯肯十分认同反馈机制：“你在这个世界上可以获得的最好的礼物就是那些真正关怀你的人对你提出的批评或是建议。虽然有些人可以比外人更明确了解自己，但是很少有人可以从其他人的视角来观察自己。”

大学期间输掉的一次重要选举让克罗格CEO大卫·迪龙认识到反馈的重要性。他记得失败后他的第一反应是不理解为什么大家不选他，但是经过深思和反省之后，他认识到：“我怎么看待这个事情并不重要，关键是别人怎么看到我，为什么不选我。”通过与其他同学沟通，他了解到自己的一些缺点并及时改正。后来他又参加学校的学生机构选举，并成功当选为负责人，跨出了卓越领导的第一步。大卫·迪龙总结道：“反馈可以让你正面现实，认清真实的自我。”

在克罗格工作后，大卫·迪龙也要求他的同事及时对他进行反馈，提出意见。虽然在反馈的时候如果同事提出的看法太过尖锐他会不自觉地为自己辩解开脱。但是辩解过后，大卫·迪龙会向对方道歉，“我的反映是针对我自己的，与你无关。我的辩解是一种自我保护。在听了你对我真诚的反馈之后，我会更加尊重你。”

认清自我还有一个方法就是自我反思。通过回忆、思考以前的生活经历会让你在更广阔的视角上理解它们，及时总结经验教训，回味人生经历，加深自我体认，这样对人生理想会有更加明确的定位。

经历了长时间的反思，卢卡斯艺术公司的前任CEO兰迪·科米萨才逐渐了解自己的人生方向，认识自我。在卢卡斯艺术公司任职时，由于意见不合，他常常与公司创始人乔治·卢卡斯进行辩论。后来由于认为卢卡斯艺术公司缺少独立性，他跳槽去了竞争对手晶体动力公司，并担任CEO。他后来回忆这段经历，认为这是他至今为止做过的最失败的选择。

科米萨在工作中认识到，其实自己并不喜欢商业，从中感觉不到兴趣：“我找不到留在这家公司的理由。虽然公司经过长时间的努力获得了最终成功，但是作为一个个体我却失败了。我在承认自己的错误之后必须要面对这样一个问题：我的一生要怎样度过才有意义？

虽然我可以在晶体动力继续工作直到退休，但是恐怕我要付出的太多了。我必须要考虑一下什么才是自己真正想要的。”

一年后，科米萨辞掉了这份工作，转而拜在一位禅师门下，向他学习禅理来更好地思考问题，增加自己的人格人身修养。“这段时间恰逢其时。修行时期成为我开启下一段人生经历珍贵的过渡阶段。”

在修行期间，科米萨认识到灵魂深处存在的纠结和矛盾来源于他人生中最重要的对他有深刻影响的两个人——父亲和祖母。他的父亲是一位推销员，在很多家公司工作过。他的父亲对物质上的成功有着强烈的追求，为了追求财富甚至不惜赌博。“父亲每次输钱后就会为我的学位担忧，担心他的工资无法承担我的学费。我也对能否顺利毕业提心吊胆。因此父亲对我的最大希望就是以后工作赚尽可能多的钱。我年轻时始终对钱有很强烈的渴望。”

祖母对他的影响却是一个相反的方向。在他年幼时与祖母关系非常亲密，但是在10岁时祖母去世了，他至今回忆起他的祖母还是充满悲伤：“我的祖母对我的生活产生了不可估量的影响，她的离去对我来说是一场灾难。祖母非常大方和热情，总是尽力帮助身边的人，周围的人都很喜欢她。祖母有着强烈的人格魅力。”

分析到了这些，科米萨决定忽视社会上对成功的定义，接受自己的价值观和真正的自我。

“我的内心斗争异常激烈，一方是自我实现的要求，一方是追求父亲眼中和社会眼中的成功。我必须有勇气放弃眼前成功的幻觉，学会接受现实，因为我意识到我正在进行异常漫长而曲折的旅程。虽然以前的我行驶在快车道上，但是这种速度和车道却并不属于我。”

科米萨决定离开别人的快车道，找寻自己的车道：“我必须学会面对现实，面对自我，虽然知道自己可能会失败，但是如果能在失败后继续保持健康的心态，在不断增强自我认知过程中也算是一个很关键的转折点了。”

按照内心的指引，科米萨投身克莱勒·帕金斯的风险投资公司，“现在我把我所有的时间都用于CEO工作中最让我兴奋的部分——制定战略，建立关系，达成交易以及指导团队。”科米萨对现有的状况十分满意。

华纳兄弟公司总裁阿兰·霍恩认为，在职业生涯早期，大量金钱的获得可以从根本上改善你的物质生活质量，可以让你买一辆好车，一套好房子，衣食无忧。但过了一段时间之后，你会发现一些东西是金钱无法购买到的，金钱并不会为你的生活带来根本性的改变。得到的物质越多，生活就会越麻烦，生活和你本人就会为物质所累，而非真正享受到生活的乐趣。“我不会选择更多的物质需求，因为我知道这些东西并不会使我享受到生活真正的乐趣。”

在硅谷担任过惠普执行官的德布拉·邓恩对如何避免物质诱惑的问题建议道：“尽管积累物质财富的方法很清晰明确，你可以很容易沿着它铺成的道路向前走，但是一个真正的领导者一定要知道如何评价它，衡量它。按照人们的标准，如果你没有选择走这条路，一定会被认为是头脑有毛病。所以，要想避开外界的干扰，走自己的真正成功快乐的道路，唯一的方法就是找到真正能让自己快乐的事情。”

认清自己只是挑战的一半，更为重要的是学会接受自己，欣赏自己。

接受自己的关键是爱自己，即使自己有很多不足，但我们也应该看到自己也有过人之处，有擅长的东西，接受现在的自己，而非强迫自己变成他人认可的样子。学着欣赏自己的长处，同时敢于直面弱点，像喜爱自己长处一样接受弱点，努力对弱点进行一些改变，让它们变得更好。

在认清自己、接受自己之后，就会更加坦然和自信，敢于向公众表露真正的自我，不再因为别人揭出你的缺点而失控愤怒，可以完全释放激情，追求真正的梦想。

认清自己会让领导者的目标变得稳定，进退得当，不去计较一些鸡毛蒜皮的小事，让内心更加强大和坚定，“无寻无伺”，集中力量为了愿景而奋斗。

第七章 “静”

——宁静以致远

现在我们已经修炼到“七证”的第四层——“静”。曾子在《大学》中讲道“定而后能静。”“定”和“静”存在着一种状态的递进，它们的关系可以用水来作比喻：把流动的污水盛放到一个玻璃杯中，这时水不再流动，便是“止”的状态，随后再投入一些明矾，逐渐使水质澄清，便达到“定”的状态，再过一段时间，水中所有浑浊的泥沙等杂质全部沉淀到杯底，水净沙明，玻璃与水里外浑然一色，这就达到“静”的境界了。

这是在物理状态下“静”的定义，如果放在人的思维情绪中，“静”有着更加复杂的内涵。从心理意识角度讲，一个人如果把心定下来，便会有一种宁静的感觉，特别是现在生活节奏这样快，如果能获得一些闲暇，得到片刻宁静，就会认为这是极大的享受。但这种“静”只是相对于“动”的无事可做，大部分人在习惯快节奏后突然闲下来反而会觉得寂寞空虚，产生哀伤之感。另外还有一部分人，比如作家、学者，外界看到他们总是安静的，不动的，但是实际上他们的思维无时无刻不在思考和紧张地运转，只是身体没有活动罢了。所以，这种未脱离意识范围的静，也并非《大学》“七证”中的要求。

“宁静”的真谛

究竟什么是真正的宁静呢？怎样才能获得真正的宁静？三国时期诸葛亮说过这样一句话：“非淡泊无以明志，非宁静无以致远。”这种境界就接近于真正的宁静了。这句话的中心点落在“淡泊”二字上，一个人只有愿意淡泊，甘于淡泊，甚至将淡泊作为一种乐趣，才能够“宁静致远”。如果一个人可以淡泊到孔子说的“不义而富且贵，于我如浮云”，“饭疏食，饮水，曲肱而枕之，乐亦在其中矣”的状态，人生修养可谓达到了很高的宁静意境了。

在中国哲学思想中，“静”始终与“动”存在一个对立统一的关系，中国哲学从未说过宇宙是静态的，也没有说过静的绝对作用。《易经》开篇《乾卦·象辞》中说：“天行健，君子以自强不息。”天，也就是宇宙，宇宙是在时刻变化发展着的，所谓君子也要效法天地，永不停息，不断追求进步，自强自立。不仅宇宙是在变化发展运动的，宇宙中所有生命元素，也是无时无刻不在变动。静，只是一种相对于动的对立状态，是一种缓慢的动，与快速的动相比，仿佛静止一样。老子也曾说过：“夫物芸芸，各复归其根，归根曰静，是谓复命。”这里指的静是一种生生不已，延绵不断，极大的快速但却像缓慢的动作一样。我们生活的地球也是在一种运动中，空间上公转、自转，自身的物质构成也在无时无刻变化着，只不过人类的生命太短暂了，只能体会到剧烈快速的变化，对于这种漫长的变化很难察觉，反而觉得地球很安静。

与没有绝对的静相似，宇宙中也没有绝对的动，动静只不过人们有意识加以区分的两种状态而已，是如正反、有无、黑白这样一体两面的变化规律。

既然在整体概念中动静无绝对差别，“七证”中的“静”又指的是什么呢？这里的静的作用更多体现在心理意识上。物质世界的现象，也就是在有形有质的后天具体作用上，动静有明显不同，只有在形而上的道体功能上，动静才无真正的区别。

《大学》所涉及的心理修养更容易体察到“静”的作用与状态，与动、起心动念相比，实则有着本质的不同。与前面涉及的“止”、“定”的境界相比，是一种心性修养上由浅入深的层次递进。我们的思维及感情波动向来是如李白诗中描述的那样，如“黄河之水天上来，奔流到海不复回”，奔流不止，难以控制的。因此《大学》中提到的修身养性办法第一步就是“知止”，先建一道堤坝，用“知”将意识、思维停下来，思绪逐渐平缓，“清风徐来，水波不兴”，达到了“内明”修身的一个阶段，但仍未达到最高境界，只有彻底与外界隔绝自成一体，如同《书经》描述舜一样“烈风雷雨浮靡”，视而不见，听而弗闻，总是天崩地裂也与己无干，只有自身宁静的心境存在，才算真正接近“静”。在这个程度上，再继续修炼，逐渐忽视了内境外境的差别，用《楞严经》一文来说：“净极光通达，寂照含虚空，却来观世间，犹如梦中事。”这样便得到了“静”字诀的真谛。

坚持自己的价值观

“静”对领导者的要求便是了解自己的价值观，坚守内心的指针，无论是面对金钱利益的诱惑，还是失败的挫折，都不改变前进的脚步，坚定走自己的路。曾在1982年大胆召回扑热息痛的强生公司前任主席兼CEO詹姆斯·伯克曾总结道：“如果没有一个道德指针，你的事业就会陷入泥沼。”

不可否认，坚守自己的价值观并非易事，尤其当外部世界的利益诱惑或生存压力向你袭来时，更是容易迷失方向，偏离原有的路线。只有真正认识自己，拥有核心价值观，形成明确领导原则的领导者才会抵挡住诱惑。首先，一位领导者应该明确生命中最重要的一些东西，是事业，是家庭还是自我实现？价值观没有对错，关键是能形成并坚守自己的价值观。当价值观形成之后，就可以规划一套领导原则，帮助领导者将目标和愿景转化为具体的行动。领导者为了形成一套价值观应该先分析价值观的重要性，按照权重进行排序，领导原则就像在沙漠中旅行者的指针一样，帮助旅行者进行方向定位，找准方位。

确定领导原则以后，领导者还要为自己规划一条道德界限，作为工作中可以触及的底线，保证路线在实施中不会偏离太远。一旦领导者遇到真正的危机，真正了解自己明确价值观的领导者更容易保持方位正确性，抵挡压力，渡过难关。

Sara Lee集团公司CEO布兰达·巴恩斯把自己的成功归因于“成长过程中接受的价值观，如尊严、诚实、尊重别人等”，“你不可能曲解自己的价值观，你必须尊重它们”。

大卫·格根是美国历史上首位为四任总统——尼克松、里根、福特和克林顿担任过顾问的人。他一直遵照着他的价值观行事。1972

年，当民主党全国委员会水门总部被发现的时候，格根恰好就在白宫工作。经过水门事件后，他工作中一直保持着一条基本领导原则——保持透明度，这条原则也让他坚守自己的价值观。

在尼克松任职期间，仅28岁的格根被招入白宫，担任尼克松演讲稿撰写人。“刚开始在白宫任职的时候，我脑子里满是权力、荣耀、地位之类的东西。”他回忆道。很快，他的野心和热情让他成为尼克松政府最有潜力的新人，“我紧紧把握住这次机会，和所有人一样野心勃勃，甚至比他们更有野心”。1972年尼克松再次担任总统后，格根也得到提升，负责总统演讲稿的撰写和研究，管理50名下属。“这时我很容易相信自己已经成为了一个重要人物，而没有认识到我的重要完全取决于我所在的位置。我和其他政府工作人员一样，自大和狂妄。”

但是，在白宫工作几年后经历的事情让他了解到自己的幼稚。当“水门事件”发生后，所有人都在议论这件事，但是格根不相信它的真实性。因为当时白宫的工作人员都坚信，不管是尼克松还是白宫的其他工作人员都不会犯错误，没想到的是，“尼克松承认了这件事情，海尔德曼等人也用最肯定的形式对此进行了确认”。1973-1974年，随着美国公众对“水门事件”关注度的提高，越来越多的政府工作人员辞职而去，但是格根始终坚守自己的岗位，他认为“如果我在这个时候离开，那就说明我在公开表明对尼克松的人品缺乏信任。我选择了坚守，希望可以用我的行为表明尼克松的清白”。

这样，直到1974年8月，正式新闻公布2天前，格根才真正知道了尼克松的罪行，但是他还是没有离开，他亲自为尼克松撰写了辞职演讲稿，看着尼克松坐上私人飞机离开白宫，他认识到：“我的职业生涯也要结束了。这件事对我是个很大的启示，一直以来，我都认为手中的权力和荣耀可以战无不胜，但是我错了。”

从尼克松辞职那天起，格根的电话几乎不再响起。“几乎就在一瞬间，你变得不再重要。”但令他感动的是，在那段孤独而又沮丧的低谷时期，他的朋友，来自拉尔海姆的老朋友和大学同学一直鼓励他，给他支持。他所得到的重要的经验，对他之后的职业生涯产生了重要影响：“当你陷入困境，一切辩解都显得如此无力和苍白，这个时候，你会意识到什么事情和哪些人对你来说是真正重要，会回到自己的根源，重新回到自己最基本的价值观上。那些正直的人都在自己的职业生涯中取得了重要的成就，比如说Huntsman 公司创始人和主席乔恩·亨兹曼。”

在经历了“水门事件”这次痛苦的挫折之后，格根意识到了透明性的重要。“水门事件的教训一直刻在我脑海里，所以我会经常反驳自己的上司，这些教训不停地提醒我应该遵循自己的价值观，尼克松正是因为没有一个明确的道德指针才会瞬间崩溃。”

“水门事件”的经历让格根成为一位优秀的领导者。他从失败中吸取教训，以前的失败都是因为自己太关注地位和权力，正常的思路被它们干扰了。只有回归本源，重归那些在低谷时期给予自己无私帮助的人身边才会获得真正的力量。这次经历让他懂得与福特、里根、克林顿等总统的相处之道。现在，格根担任哈佛公共领导力中心的主管，继续指导着美国未来领袖，担任着他们的智慧导师。

领导者们的愿景固然重要，但是在实际工作中发挥着本质作用的还是价值观。现在的领导方式已经从目标领导转向价值领导，用价值观规范领导的行为。一名领导者只有坚定不渝地在行动中贯彻自己的价值观，坚守内心原则，心思澄明清静，不受利益的驱使，才能避开一切干扰，达到事业的顶峰。

与格根相似，Verizon的朱迪·哈伯肯在处理客户关系时也遵守着这样的原则："保持开放与透明。"朱迪还记得，有一次她的一名下属犯了一个严重的错误，严重到让她感觉到自己会因为这个错误丢掉自己的工作，在这个错误面前，朱迪的价值观面临着严峻的考验。为了节省成本，朱迪的这名下属在给用户邮寄电话密码时没有将信封封口处黏合，这导致了当这些信件投入客户邮箱时，所有人都可以看到客户的姓名，联系方式及密码。朱迪知道这件事后，将她对恶果的担忧报告给了上司，上司却不以为意，轻松地告诉她："不用担心，这件事自然会平息下去。"朱迪回忆道："这件事情对我们是一次考验，就好像强生公司的扑热息痛事件一样。"

朱迪对这次事件的处理过程记忆犹新："如果我按照扑热息痛的方式处理这件事情，他们立刻就会解雇我，并且让其他人接替这项工作。但是只要我还负责这件事情，我就会按扑热息痛的方式来处理。我会给每一位用户发去电报，向他们详细解释整件事情。我们会承担所有由此导致的费用，并且会立刻给客户一个新的智能电话号码和密码。我当天晚上就召开了媒体见面会，告诉大家究竟发生了什么，以及Verizon的打算。"

在朱迪的合理安排下，这件事情很好地解决了，没有给公司带来任何危害。每当回想起这次危险的事故，朱迪都会提出自己得到的教训：“我们犯了一个错误，并为此付出了代价，但幸好我们做出了正确的选择，将危害降低到最小。如果一旦客户认为我们根本不关心他们的安全，也不关心他们隐私的话，我们的灾难才是真正来临。”

很多人都会发现，说服上司是一件很困难的事情，所以大多数人宁愿选择，只要上司说没事，自己就可以不作为，可以避免承担责任。但是朱迪选择了坚定自己的原则。为了不触犯自己正确的价值观，她宁愿冒犯上司，并不惜代价来改正自己的失误。

作为Infosys公司的创始者，纳拉亚纳是一位有着明确指导价值观的领导者。在他的领导生涯中，他从未违背过这些价值观。1982年，纳拉亚纳成立了Infosys科技公司，当时他的目标就是将这家公司建设成为印度顶级的IT外包公司，这家公司为纳拉亚纳提供了一个舞台，让他明确道德界限，并把自己的价值观转变成商业原则。

在创办最初，对公司的定位就是印度最受尊重的公司，所以即使在创办过程中纳拉亚纳和他的同伴遭受了各式各样的麻烦，但是他们始终坚守自己的道德准则。他回忆道：“我们不停地应对各式危机，不得不用全部收入来支撑公司的发展，与此同时我们也没有放松对公司纪律的严申。”

纳拉亚纳坚守自己的价值准则，坚决抵制任何形式的贿赂，公司经常要等很长时间才会做成一件事，比如简单的一台电话线就要等一年的时间。“真正消耗你热情的事情并非财务问题，而是那些不断与你价值观相冲突的事情。拥有明确价值观的领导者身边都会有一条明确的界限，欺骗和诱惑很难接近他们。我一直相信，这个世界上最柔软的枕头就是一个清醒的良知。让我感到欣慰的是，公司至今没有做过任何让我们晚上失眠的错事。”坚持到最后，政府官员不再向纳拉亚纳索要贿赂。他总结道：“只要在最开始的几次申明坚定的立场并坚定地贯彻它们，这些不遵守规则的人就会转而将矛头对准他人。”

“遵守稳定的价值系统为公司创造了一个理想的工作环境，每个人都对未来充满期待，都有着高度的自尊，对未来充满信心和热情，愿意接受那些有挑战的任务。领导者需要做到言行一致，向员工表明自己一定会遵守公司的价值系统，我认为公司的成功和我们拥有的稳定而坚定的价值系统有着必然的联系。我认为所有员工都会接受这种说法，并且会继续严格遵守我们的价值观。”

纳拉亚纳是为数不多的如此在意自己的价值观和领导准则的领导者之一。他的坚定与坚持保证了公司的发展壮大。纳拉亚纳拥有足够坚定的信念保持自己的价值观，敢于以身作则，抵制印度的传统守旧的社会规范，同时在他的整个领导者经历中，他一直坚守自己的道德准则。

我们必须承认，绩效的压力，失败的恐惧，成功光环的期待以及社会规范的惯性都很容易使领导者偏离原来设定的生活轨道，脱离价值观。只有确立明确的道德界限，在迎接压力时勇敢坚定抵抗诱惑，认清自己内心深处的价值观并坚守它，才会顺利返回原有轨道，让自己的领导生涯达到应有的效果。

第八章 “安”

——心安而明物

禅宗有这样一个故事：

禅宗二祖神光禅师在出家之前是一位学术造诣很高的学者，主要研习《易经》，多年来一直研究“定”、“静”的学问，并有了很深厚的心得，他为了追求书中所说的“道”，在河南香山打坐修定很多年，但是一直不得其法。后来，他听说从印度来传佛心法的达摩祖师在嵩山少林寺修行，于是他动身去拜访达摩祖师，希望可以向他求法获得道德境界和学问上的提升。但是没想到的是，达摩祖师见到他之后不仅没有向他传授佛法，反而狠狠斥责他一通。神光禅师为了表明自己求法的真心和恳切的决心，砍下了一条胳膊，达摩祖师见此追问他：“你想求什么？”神光禅师答道：“我心未宁，乞师与安。”达摩祖师说：“将心来与汝安。”——你把心拿来，我为你安心。神光禅师闻言，愣了很久才答：“觅心了不可得。”——我找我的心已经很久了，但是一直没有找到。达摩祖师说：“与汝安心竟。”——我已经为你安心了。神光禅师听了这句话，大彻大悟，成为中国禅宗第二代祖师。

这个故事暗示了“洗心退藏于密”的真奥妙，要想了解这一奥妙，还需要先达到“静而后能安”的境界。

“安静”是使用频率很高的词语。按照词义是安定下来才能平静，但曾子在《大学》里面提到“静而后能安”，颠倒了这个顺序。其实，曾子的这个说法是从讲求心性修养的“内明”实践经验，以及总结了“外用”在人群社会的史实性经验而得来的结论，由静而及安。心乱则身不能安，社会动乱则国家不能安。

“安”这个字的真正含义还是要借用佛家的知识才能说得透彻。在之前讲“定”字的含义时，提到佛家“暖”、“顶”、“忍”、“世第一法”这四种现称之为“四加行”。“加行”相当于现在工商业常用语“加工”的意思。在大、小乘佛教的修行方法中，都涉及了“四加行”的附带作用。只是在大乘佛教的修习“止”、“观”原则基础上，总结经验把“四加行”归纳为一个精要的词——“轻安”。“轻安”包括心轻安和身轻安两方面。因此，对于一个学习修身养性的人来说，在研习内明之学时，如果达到了“定而后能静，静而后能安”的层次时，也就是到达了宋儒理学家推崇的“人欲净尽，天理流行”的境界了，便可以“如人饮水，冷暖自知”。

达到这个境界，身心都会有“轻安”的感受，不过，即使到了这个程度，仍然没有实现《易经·系辞传》所载的“洗心退藏于密”的层次。

在知晓何为“轻安”之后，便可知“轻安”的对立面便是“粗重”。在社会中，心浮气躁已经成为一种很普遍的心态，而我们的身，更是摆脱不了粗陋的世俗物质拖累。只不过，人们已经对这种非正常现象司空见惯了，一旦获得身心轻安，反而会不知所措，认为丧失了自我。老子也说过：“外其身而身存。”同样，只有先彻底忘掉身和心这两个精神承载的存在才会真正得到身心的轻安，没有舍弃和放下就不会得到。神光禅师正是彻底忘记了心在哪里，实现了心静，才会在达摩祖师的点拨下，让心得到回归，达到真正的“心安”。

“七证”的第五层次“安”对领导者提出的要求是：学会释放压力，享受生活，让身心放松，营造平衡的生活。从“知”、“止”、“定”、“静”到“安”，“七证”的论述越来越深入，对领导者的要求也越来越高，从认清内心，拥有坚定的价值观，到营造平衡的生活。

领导者需要承受巨大的压力，这种压力来自工作，来自生活。当一个人需要为整个公司，为员工，为家人以及不断变动的环境承担责任时，不可能逃避所有的压力。一位领导者，在组织中地位越高，控制自己未来命运的能力就越强，相应地，也会承受更大的压力。因此，一位优秀的领导者不在于可以规避多少压力，而在于能够在多大程度上保持自己的平衡。“只有到死的时候，才能完全避开压力。”

美敦力公司总裁克里斯·欧康奈这样描述压力下的生活状态：“我可以清醒地意识到自己正在慢慢陷入一种消极的状态。当我情绪好的时候，整个人会变得非常有活力，觉得自己无所不能。但是当我状态低迷时，工作效率会大打折扣，在家里也会心情糟糕，影响与家人的关系。我发觉，状态的高涨与低迷都会严重影响一个人的工作效率和生活品质。”

要想减轻因领导工作造成的压力，领导者可以遵照“安”的原则，采取种种方法让自己的身心达到“轻安”的境界。

学会放松身心

领导者没有必要将全部时间都用在工作上，必须给自己留出一些私人空间和时间，作为压力的缓冲。例如，一些领导者会通过冥想、瑜伽让自己集中注意力，释放压力；一些领导者通过祈祷来净化心灵；一些人通过在工作后跑步减轻压力；还有一些人只要和朋友聚会，看电影，看电视，听音乐，看书之类的就可以舒缓疲劳，精神振奋。

对一位领导者来说，什么样的减压方式并不重要，关键是要选择最适合自己的方式。正确的减压方式可以让领导者减轻工作带来的疲劳，放松心情，进而可以更加精神抖擞地回归工作，思考问题，提升效率。特别是当领导者处于极其忙碌或面临巨大压力的时候，一定要将减压活动持续下来，越是紧张的时刻越需要学着释放压力，寻求平衡。

“我喜欢通过体育活动让自己放松。由于总要搭乘夜间航班，我认为自己必须保持良好的身体和体型。”摩根斯坦利房地产部门领导者布兹·麦考伊多年来坚持每天长跑，达到缓解压力保持体型的目的。

精神疗法让心轻安

探究一些具有哲理思想的问题，进行自我反思和追问，也可以达到心情宁静、舒缓压力的效果。一些领导者常常会自问：“生命的意义和目的是什么？”“我为什么会在这里，我从哪里来？”用这些问题提升领导能力及个人修养。在西方国家，很多领导者都会有意参与宗教活动，净化心灵。一些虔诚的领导者也非常重视宗教和祈祷的力量，认为拥有宗教信仰并定期去教堂做礼拜对降压会产生很大作用。Vitesse学习公司的菲利普·麦克雷这样谈论自己的信仰：“我每周日都会领着孩子去教堂做礼拜，这是件很有成就感的事情，除了宗教上的满足外，我在教堂中学会了深思。每次坐在教堂长椅上时，我都会认真反省一个小时。”

知名风险投资商，曾在多家公司董事会任职的德尼斯•欧丽尔会去教堂聆听格列高利圣歌，她的丈夫，Da Vita的CEO肯特·希里则通过读佛教教经来寻求慰藉。欧丽尔对她的做法解释道：“只有在教堂中，我才可以得到真正的解脱，这种音乐能偶使我更清楚地认知自己，是一种很好的反省方式。”

惠普公司的执行官德布拉·邓恩则喜欢在办公室做瑜伽。“我发现，要想真正让自己思想集中，我就必须远离硅谷，找一个安静的地方，而瑜伽给了我大自然的感觉。”

适度休假

会忙里偷闲，给自己一个合适的假期也是领导者平衡生活的重要方式。布兰达·巴恩斯曾在几年的时间专职照顾家庭，后来重返商界成为Sara Lee的总裁。

罗杰斯也善于通过放假的形式让自己走出压力，不断自我调整。26岁时，罗杰斯负责家族的早餐连锁餐厅Waffle House的经营。当他取得初步成效后，他打算调整公司的前进方向。这时他与身边的人由于意见不同产生了不和，工作陷入僵局。“我对这一切真的厌烦了，很多人都不支持我的计划，我不得不一次次妥协、放弃。”罗杰斯为自己放了6个月的长假。他动身去了圣地亚哥附近的索拉纳海滩度假。在假期中，他一边学习冲浪一边反思，思考眼前公司的问题，他对自己总结道：“真的是他们的问题吗？也许是我的错，但或者我的想法并没有错，而是我的领导方式出现了偏差。”

当罗杰斯重新回到公司的时候，他提炼出了一套新方案，告诉团队成员：“我们将暂时终止扩大规模，目前最重要的是保证质量。越大越好的时代已经结束了，我们必须先让自己变好，然后再希图壮大。”罗杰斯的团队十分赞同这一观点，迅速执行了他的战略，并在这一战略的指导下书写了美国20年来最成功的商业奇迹。

加强社会交往

人是社会性的动物，与真正的朋友保持密切的关系，会成为你的一笔宝贵的财富，更有利于排解压力。真正的朋友会在迷茫时为我们提供真实的反馈，提出具有建设性的意见，当我们失败时对我们进行鼓励，帮助我们走出低谷重新振奋起来。

霍华德·舒尔茨是个幸运的人，在他二十多岁时就拥有了这样真正的朋友。“我的朋友不是因为我是谁或者我取得多么好的成就才选择和我在一起的，他们选择我关键在于他们喜欢我这个人，能够包容我的缺点。一定要和他们保持紧密的关系，这种良好的关系会让你的生活保持平衡，充满欢乐。”

一个成功的领导者必然善于平衡生活和工作，会释放压力，整合自己生活的方方面面，只有这样，才可以在各种情况下对自己忠诚，保持真实的自我。

一个领导者不仅需要平衡生活的能力，轻安于心，还需要能认清内心，排除内心的种种牵绊，成为真正的开拓者。

当领导者面临压力时，更能考验他真正拥有的价值观。作为一个领导者常常会发现自己的价值观与组织相冲突，当这种状况出现时你应该对自己有一个准确的定位，希望百年之时人们怎样评价你。

价值130亿美元的亨兹曼公司创始人乔恩·亨兹曼的事迹就是一个生动的例子。在很多人看来，乔恩·亨兹曼过着令人羡慕的生活，他拥有一个规模庞大而成绩卓著的家族，明确的价值观，完善的人格，还有不菲的资金。但外人看不到的是，这些丰富资源的获得并不是一帆风顺，乔恩一生中至少经历过三次严峻的考验，每一次考验都让他探究自己的灵魂，再次定位自己的价值观。

乔恩充分认识到价值观的作用和它可能在生活和工作中起的作用，他这样定位价值观：“这个世界上根本没有‘模糊的道德’这回事。”

“每个人都有一个道德导航仪，一种由父母、老师、教练、牧师、朋友和同事共同编制的道德指针或良知。这个指针本身就是我们生活的一部分，它会一直告诉你哪些行为是恰当的，哪些行为是不合适的，直到你离开人世的那一天。”

1995年，乔恩和妻子凯伦一起创办了亨兹曼癌症机构，以帮助更多人治疗癌症。乔恩的母亲和他本人都患过癌症，他的母亲就死于癌症，因此他可以深刻体会癌症患者的心态，他相信，对癌症最好的治疗方法就是让病人感受到其他人对他们的关心和照顾。在他的办公桌上放有一块写着座右铭的牌子："对人心最大的考验就是弯下腰去，抬起别人。"乔恩认为："这才是生活的真正意义。"

乔恩·亨兹曼也曾经在"水门事件"发生不久前在白宫工作任职，这段时间他的价值观同样遭受了严峻的考验。在他创办自己第一家公司后，由于经营成功，美国健康、福利和教育部部长艾略特·理查德森邀请他担任理查德森的社会服务首席助理。之后不久，乔恩成功研制了一套目标管理软件，半年为美国政府节省1亿美元的资金，白宫开始对他关注和重用。不久，他开始为尼克松总统的联席参谋长鲍勃·海尔德曼工作，但是他发现与海尔德曼共事并不舒服，有一种"非常复杂的感觉"。

"我之前担任的是一家公司的CEO，在健康、福利和教育部管理着一个很大的部门。所以不管在道德上是否正确，我都不习惯接受命令。尤其当时海尔德曼做的很多事情都是令人质疑的，我们发生过几次冲突，当时白宫笼罩在一种非常不道德的氛围中。"

乔恩清楚地记得，有一天，海尔德曼让乔恩设计一个陷阱来对付一个总是对白宫议案提出相反意见的加利福尼亚参议员。乔恩了解到，这位参议员拥有的一家工厂雇佣了一些没有登记的工人，海尔德曼就是想抓住参议员这个把柄，让乔恩收集相关的不利信息让这位参议员下不来台。具体的方案是，乔恩从自己经营的公司中挑选出几位员工潜入参议员的公司，窃取第一手的资料。"海尔德曼催得特别急，当时就让我打电话从公司里找人。”

“有时候我们需要立刻采取行动但却没有意识到对与错。从本能来说，虽然我知道这样做是不对的，但是我花了几分钟的时间才真正意识到这一点。15分钟后，我内心的道德指针开始发挥作用，我明确意识到这是不对的。在和工厂经理交谈到一半的时候，我清楚地告诉他：‘还是不要这么做了吧，我不想玩这个游戏，忘了我曾经给你打过这个电话吧。’”

“随后我告知海尔德曼我的立场和看法，我不会做这种间谍性质的事情。尽管我这样做意味着对他不忠诚，得罪了美国第二号权势，但是我更加关注内心的价值指向，六个月后，我辞职离开了白宫。”

2001年，乔恩遇到了人生中最大的挑战，苦心经营的公司濒临破产。乔恩总结公司失败的原因时称，并非管理失误造成了公司目前的局面，真正的原因出现在市场疲软不景气上，竞争对手大量向市场推出新产品，造成了市场上相关产品供大于求，产品价格和盈利空间迅速下降，火上浇油的是，当时能源和原材料的价格也屡屡攀高，最后为了挽救公司危机，乔恩不得不把自己的高息债券以低价抛售。乔恩作为公司最大股东和董事会主席终于迎来了决定公司命运的一刻，一天，金融专家、律师、87位债权人代表以及破产专家找到了他，给他两个选择：一是向法院申请破产，一是允许债主关闭公司。

在安静听完这些人的分析后，乔恩告诫自己：“我绝不会将自己苦心经营的公司拱手让人。这些人根本不知道‘人品’、‘诚信’的真正含义。”因此，乔恩坚决拒绝了他们的要求，他宁愿独自承担所有的债务也不会选择破产，他的人格正在面临着一次重大的考验。在那段面临巨大压力的日子里，乔恩每天都把团队召集在一起，并告诉他们："我们必须成功，这事关我们的声誉。我们需要去拜访我们的债主，尽可能收回我们的债权，即使以产权作抵押。"

经过长期努力以及乔恩不放弃的决心，公司经过三年的挣扎才逐渐恢复元气。整整三年，一直陪在乔恩身边始终支持他的只有他的妻子，虽然经历过挫折与失败，甚至乔恩由于压力过大还染上了阿狄森氏病，但是他最终自豪地宣称："我还清了所有债务。"现在，所有的债权人都拿到了自己的钱，债主们没有任何损失，公司的信用级别得到提升，乔恩的公司在纽约证券交易所上市，并取得了不错的成绩，收益达到历史最高水平。

回忆经历的几次危机，乔恩总结道："其实最终拯救我们的还是债权人，因为我们一直保持诚实、善良和正直的人格，当我们陷入困境时，这些品质会让人们相信你。很多时候我们必须对内心保持清醒的状态，要敢于自问：'是让自己逐渐沦陷还是勇敢面对这一切？'生活本身就是最好的答案。可以想象，如果我以前做过一些违反道德的事情，当我遇到危机时，人们就不会相信我，会用他们的权力逼迫我。只要我们可以坚守内心的价值观和操守，自然会散发出光辉的人格魅力，进而改变整个人生路程。"

每到一次危机的关键点，乔恩坚定而正确的价值观总是会发挥强大的作用，他的价值观从没有任何动摇，如果一个人没有真正认识自己，对自己抱有强烈的自信，他很难一直如此坚定。所以，每个领导者都要有危机意识，想一下自己面对危机时如何应对，最好的解决办法就是以不变应万变，认清自己的价值观，进而确立自己的领导原则。

每位领导者都会有自己独特的领导原则，即使他并没有意识到。比如当你问一个领导者怎样进行激励时，如果一位领导者认为懒惰是人们的天性，那他就会制定严格的标准和监督体制，控制员工，不给他们偷懒的机会。但是同样的问题，另一些领导者会相信员工都有好好完成工作的愿望，以达到个人事业的顶峰，这样这些领导者就会更信任员工，进行充分的授权，用奖励的形式鼓励员工达到更加突出的业绩，实现自我监督。

第九章 “虑而后能得”

——深思熟虑臻于至善

《大学》“七证”的修养层次，从“知止”到“定”、“静”、“安”，一步步教给我们如何提高自身修养，完善自我。可以说，之前的“五证”是内明学养“定”学的功夫层次，其中“静”、“安”是“定”字效果的扩充，而下面讲解的“虑”、“得”是慧观智知的成果。

《大学》关于“七证”最后一句话“虑而后能得”，我们现在已经到了修证的最后两个层次。“虑”字可以按照思想的“思”字的含义做解释，也可以进一步解释为忧思。我们当代人常用的名词如“忧虑”、“顾虑”、“考虑”、“思虑”等，虽然每个词思考的侧重点不同，但是这些词的中心都是以“虑”为中心，也就是以“思”为侧重点，所以这里的“虑”可以解释为精思的意思，也是那个时代的习惯。

这个“思”字的含义也经历了历史的变化。在秦汉时期，书面表达上用“思”较多，但是在口头表达上更多是用“想”。魏晋直到隋唐时期，随着佛教和梵文传入中国并广泛流行，涉及了“内明”（逻辑）的思辨，因此逐渐将“思”和“想”通用的习惯打破。这个时期，“想”是属于心理上、头脑里的粗浅现象，称为“妄想”，甚至称为“妄心”，因为人们发现“想”的现象并不受思维控制，是跳跃的，不请自来而又倏忽而去的，抓不住它的踪迹。而“思”字，与妄想不同，它有逻辑性，是细致的，可以宁静内心，而非“想”主要是扰乱心神。可以用读书来作比喻，如果我们对读过的书忽然忘记了某个情节或知识点，这时便要到处找线索来回忆具体的情节，这便是“想”；但如果我们对这本书了如指掌倒背如流，随便提起一处就可以侃侃而谈，举一反三，进行深入探讨和思索，这便是“思”的作用。

知道了“思”的具体含义便可以了解“虑而后能得”的意思了。“虑而得”的道理类似于子思在《中庸》中提到的“不勉而中，不思而得”的境界，相当于佛学中讲的“慧观”或“观慧”的层次。“虑而得”究竟要得到些什么呢？“七证”究竟要得到一个什么成果呢？沿袭到现在，可以做出一个明确答复了：经过“知”、“止”、“定”、“静”、“安”五层次的修炼，思虑的智慧得到开发，就可以登堂入室得到“明明德”见道的真正成果了。这一方面对应上文，“大学之道”与“明明德”并非空言思想而是有真正的学养内涵，对照下文，便有“物有本末，事有始终，知所先后，则近道矣”的总结。这句话的含义是说，世间的每样东西都有一个根源也有一个发展的终点。每件事情都会经历开始的产生原因，经过逐步发展，达到最后的成就。如果一个人可以知道什么在先什么在后的顺序，知道什么应该先做什么应该后做，那么，他就接近于“道”了。同样，当你知道了大学之道，明明德的修养成果要经由“知止”逐渐过渡到“定”、“静”、“安”、“虑”，最后达到“明德”的得道境界。

作出最优选择

每个人每天都要作出很多选择，不只是领导者，普通人也不例外，这些选择有些是有意识的，有些是无意识的，一旦我们发现做出了错误选择，就会努力更改，从失败中汲取教训，避免类似的错误再次发生。慢慢地，我们会发现我们的生活其实是由一组组选择构成的，而选择的目的是为了得到一种平衡，实现“定”的状态，反过来只有实现了“定”的状态才可以更客观的思考，作出公正的选择，实现平衡，“有所得”。

不同的领导者对“平衡”这个词看法不同。沃伦·本尼斯不喜欢平衡这个词，他认为“如果做得足够好，就可以实现平衡，但是事实上，我们的生活充满了变动性和不确定性。因此，我们每天面对的是选择而非平衡。”

作为一个领导者就需要不断思索和修正自己的价值观，确保可以作出正确的选择。杨·罗比凯公司的安·傅洁十分重视根据自己的价值观作出选择的重要性，一定要学会思索以选择会对我们生活带来的那些影响，要时刻问自己：“我需要做什么，我可以学到什么，获得什么？每个人都不知道自己还有多少光阴留在这个世界上。我希望自己升入天堂时毫无遗憾。”

每个人都会遇到很多挫折，领导者也不例外，一个优秀的领导者当直面或忆及自己曾经的失败时，不是怨天尤人、自怨自艾，而是及时思考，从失败经历中汲取教训，扪心自问：“我生命中真正重要的东西是什么？”这个问题可以帮助领导者作出更加清醒的选择。施乐公司的安·马尔科尼更重视家庭，她认为：“我在工作上100%的投入，知道只要努力就会拥有更好的前途，但对我来说，工作并非一切，家庭才是我生命中最珍视的事情。我热爱施乐，愿意为它的发展做出巨大牺牲，但我会为我的家庭牺牲奉献更多，家庭才是我生命中最重要的。我们必须知道这样一个简单的道理：要想得到一些东西就必须舍弃另一些东西，为了照顾我的家庭，我已经作出了自己的选择。”

马尔科尼的丈夫，一位在施乐公司工作将近40年的老员工，由于工作需要也要经常出差，但是他们夫妻决定，无论如何每晚至少要有一人在家陪伴孩子，他们还商定，无论出现什么状况，都不会搬家。在这个决定的支撑下，无论遇到多么复杂的情况，哪怕是要出差去很远的地方，他们也会尽量回家。“作为施乐公司的CEO同时又坚持不搬家并非易事，但我们克服了种种困难还是实现了。在施乐，我希望员工把家庭放在最重要的位置，我不会让员工在作选择时感到无法忍受或左右为难。”

领导者还要学会经常性思考生活各个方面对自己的重要性，因为在人生的不同阶段重点不同，各个部分的位置也会随之改变，这就需要领导者考虑实际情况，及时做出调整。Vitesse学习公司创始人，前任CEO菲利普·麦克雷用四个水桶来代表生命中对他具有重要价值的事情：“第一个是我的工作，第二个是我的家人，第三个是我的朋友，第四个是我喜欢的个人活动。在成为领导者后，第三个、第四个水桶已经离我而去，但我不感到遗憾，因为我现在已经将前两个水桶填满了，等到我40岁的时候，我有了充足的时间和精力再去填满第三个和第四个水桶，和好朋友交往，参加喜欢的业余活动，做自己真正喜欢的事情。虽然现在无法全面覆盖，但从长远来看，我希望我的四个水桶都是满满的。”

麦克雷的妻子安妮卡在工作上也有突出的成就，为了不耽误两人在工作上的发展前途，他们经过长时间的思考，作出了重要的抉择：重新开始，重新创办一家公司。他们的房子位于西海岸的旧金山，但是公司很多重要客户都在东海岸，所以麦克雷每周都在奔波在东西海岸之间。在生活饱受工作带来的长途旅行困扰之后，麦克雷面临着这样的选择：或者放弃家庭生活，或者全家搬到东海岸的新泽西。经过全面的衡量，他们夫妻选择了后者，安妮卡也说服公司把她调任至康涅狄格州的总部。这样，两人离家的距离都大大缩短，虽然由于工作需要还是要经常出差，但是却可以为家庭贡献更多的时间。戴维·卡尔斯特只有23岁，是最年轻的领导者，他同时经营着一家营利性机构和非营利性机构。为了让他的工作顺利进行，他付出了超出常人的努力。虽然工作压力很大，但是他也想尽一切办法让自己可以开心地工作，他会利用空余时间去做运动，听音乐来减轻压力，经常与好朋友进行沟通。他也承认：“做好这一切很困难，但是除非可以让我再找到一份充满激情的工作，否则我一定不会放下手中的一切的。”

作为一名成功的领导者不仅要选择自己的生活，学会作决定，同时还要对成功的定义作出自己的思考。如果一位领导者对自己想要得到的成功没有作出清楚的定义，那么或者由其他人定义你的成功，按照别人的想法左右你的生活，或者迷迷茫茫，在前进路上丧失方向。只有自己为生命中各种事物进行权重排序，认清什么是重要的，你才可能合理规划自己的生活，在职业生涯上走得更远，成为一名优秀的领导者。

当然，不同领导者对生活的思考不同，对成功的定义也会有所不同。约翰·多纳霍很早就对成功进行了规划，他的标准是：自己能够尽可能多地影响生命的数量，并努力成为一位理想的丈夫、父亲、朋友和一个品行完善的人。

希悦尔也将自己成功的标准归纳为三点：“最重要的是爱与被爱，第二点是得到别人的尊重。第三点是时刻保持自豪感。”他也鼓励企业家、管理者从踏上职业之路之日起，就确定自己的成功标准。

但是合理定位自己的成功标准并非易事，因为社会已经对成功有了一套标准，以金钱、权力和社会地位来考量，所以，一位领导者必须比常人思考得更多才可以找到真正适合自己的成功标准。麦肯锡公司的爱丽丝·伍德沃克29岁已经取得杰出成就，她说：“以前我对成功的定义十分模糊与幼稚，是从小学的经验而来的，在那个时候我最渴望得到的就是老师的表扬和赞美。如果你只是按照社会原有的规则固守成规地做事，那么，你永远无法达到更深远更有意义的境界。”

金钱对有追求、努力实现自我价值的领导者并不是一种需要考虑的因素，在他们看来，当做好自己真正感兴趣的事情时，金钱就会不请自来。

当一位领导者了解成功的标准及定义，知道在前进道路上如何作出最优选择，就到了考虑自己领导风格的时候。领导风格有多种类型，孰优孰劣并没有统一标准，对于领导者来说，关键是要选择适合自己性格、爱好兴趣与人生理想的领导风格。在确定领导风格之前，领导者需要考虑一下问题：“我真的关心自己的领导风格是否与公司契合吗？我可以为掌握领导权力而改变自己的领导风格吗？”

很多公司都会努力对年轻领导者施加影响，不希望他们的领导风格太过个性，希望他们的领导风格可以与公司业已存在的领导风格保持一致。一些公司甚至会采用一些培训项目改变年轻领导者的领导风格，引导领导风格的转变以期更适应公司发展。这种做法对领导者来说是个很大的挑战：你是否会为了在组织中获得成功而有意改变已经成形的领导风格呢？如果答案是肯定的，那么，领导者一定会发觉自己像个伪装者，为一个目的压抑隐藏自己的真实面目。

在职业生涯的开始阶段，这类问题是很多优秀的领导者都会遇到的。强生公司的詹姆斯·伯克和通用电气的杰克·韦尔奇都因为自己的领导风格与公司不一致而提出辞职，虽然最终被自己的导师留下。

一位领导者，不论是自发适应组织的领导风格，还是尽力模仿其他人的领导风格，其他人都很容易看出来。因为一旦遇到较大的事件，领导者在处理问题时必然会使用自己擅长或本来就拥有的领导风格，显现出最真实的一面，有些领导者可能是高度指令性风格，有些可能是消极被动型风格。所以，一个领导者应该努力寻找适合自己的领导风格，最大限度表现出自己的优势，而非一味模仿别人，并对自己的领导风格找出优缺点，不断加以改进。

Tropicana公司的艾伦·马拉姆在领导过程中也意识到这一点，她的一个部门主管在领导过程中有这样的一个习惯：每次试图说服别人时，主管总会站起来用一种居高临下的姿态强化自己的观点。艾伦比他整整矮了一英尺，所以艾伦发现她的身高提醒他，她在身高上不可能超越这个主管，要想真正领导他人，必须形成自己独特的领导风格，而非单纯效仿他人。

经过总结，领导风格大概可以分为六种类型：

指令型领导，要求下属严格按照公司的规章制度和领导者下达的命令做事。

教练型领导，指导和培养员工熟悉领导职位，为下一任领导作准备。

参与型领导，把自己当作员工的一员，以身作则，鼓励员工为了共同的愿景和价值观而奋斗。

专家型领导，培养员工与自己一样拥有精湛的专业技术与自我管理能力。

合作型领导，注重培养员工间和谐的人际关系，员工互相合作来一起实现组织目标。

共识型领导，有分歧或者需要做决策时，召集员工一起探讨以达成共识。

最近在各个组织内部最常使用的领导风格是参与型领导。安妮·马尔卡希是一个典型代表，在工作中，她会主动与员工进行沟通，询问他们的看法，倾听反馈，并且在员工取得成绩时及时进行激励，鼓励他们做出更优秀的成绩。

约翰·多纳霍是教练型领导的典型代表。多纳霍知道如何指引员工做出最佳表现，如何最大限度发挥他们的领导潜能以担任未来的领导者。这种类型的领导更关注员工的长期发展前景而非短期的绩效。

共识型领导的代表者是约翰·怀特海德，他对组织中的每个人都不论地位等级不同而平等对待，并且支持员工广泛参与公司的政策探讨，以期达成共识符合每一个人的利益。怀特海德可以用大量的精力来让团队成员参与讨论达成共同的意见，即使因为达成共识需要花费大量时间他也会坚持这种领导方式。一般来说，这种领导方式更适合非营利性机构。

指令型领导在以前使用得比较多，这种领导风格更适用于军队和需要在极短时间内迅速做出决策的情况。但是随着时代的进步，越来越多的公司注重人性化，需要带动公司员工的激情实现组织的目标，这种领导风格已经渐渐被淘汰。

合作型领导偏重于建立组织成员之间的良好合作关系和人际协调关系，这些领导这是最没有架子的领导者，因为他们将自己融入这个团队中，通过与成员的彼此合作来激发潜能，实现组织的目标。这种领导方式一般来说比较隐蔽但是因为它的平等性与参与性，往往可以发挥出最佳效果。

很多需要专业知识的机构，如科学机构、咨询公司以及金融服务机构的领导者都属于专家型领导。这种领导类型主要取决于领导者拥有的专业知识，领导者具有业务精通性，既善于倾听其他专家的意见，也可以帮助提高成员的业务水平，同时对团队成员的专业水平有较高的要求。

一般来说，卓越的领导者不会拘泥于一种领导方式，他们往往会随机应变，有一种主导的领导风格，而在一些紧急或特殊情况时辅以其他类型的领导风格。

权力和领导力的巧妙结合

领导者意味着在组织中拥有一定的权力，可以做出决策，指定下属按照自己的要求做一些事情。虽然领导者拥有一些权力，但是很多人往往不能很好使用权力，对领导者来说，如何恰到好处地使用手中的权力至关重要。乔治·舒尔茨在完成了与前苏联的裁减核武器条约谈判，并主持Bechtel公司的工作之后，他得出这样一个结论：“一位领导者不要害怕权力，但是一定要学会对它负责。”

当使用权力时，领导者常常会遇到一些问题，比如遇到更为强势的下属，或者滥用权力。当领导者遇到更为强势的下属时，领导者应该学会表现得更为强硬，因为其实领导者手中掌握的权力比他想象的更多更强。舒尔茨在刚开始担任领导时，他下属的一个执行官非常强势，常常逼迫他作出妥协，一位同事很奇怪地问舒尔茨：“你为什么要赋予这个执行官这么大的权力？”这时舒尔茨才意识到自己哪里做得不对，他开始正面应对这位执行官，发现这位执行官认同他对权力的掌握。

也有很多领导者高估了权力的作用，高估了自己可以对他人造成的影响。很多时候，他们过于强势的领导导致了与下属关系的僵硬甚至沟通不当，阻碍了组织最终的愿景的达成。这种领导者的问题就是过于看重权力，受权力所累。

一个卓越的领导者应该学会思考如何恰到好处地使用权力，成功的领导者的经验告诉我们，好的领导者善于微妙使用权力来让员工心悦诚服地追随你，愿意为共同的目标努力，于潜移默化中达到想要的效果。比如，参与型领导者会鼓励员工参与团队的决策，在讨论的过程中让人们认同自己的观点。教练型领导会用自己丰富的经验和知识教给下属一些东西，帮助他们迅速成长，从而获得组织的领导地位。共识型领导者注重的是大家对某个问题的共同看法，他们懂得怎么说服别人了解和支持自己的观点。合作型领导者对员工非常关心，这样当他们陷入困境时，也会得到员工的无私帮助。

掌握权力与使用权力应该是成反比例的。因为当你在使用自己权力时，正是剥夺他人权力的一个过程，没有人喜欢自己的权力被剥夺而去听从他人的命令。所以，一个好的领导者在运用权力时会不着痕迹，让人们接受自己的观点，贯彻自己的想法和对公司的策略，又不让别人感到束缚。通过这种巧妙的领导方式，领导者可以获得下属的无条件支持和配合，帮助他们做出下一步更好的决策，同时也可以让下属更有热情地为组织服务。

每个领导者拥有不同的领导风格，因此应该仔细思考如何让领导风格与手中的权力进行结合，发挥最大的效力。

指令型领导者会让下属依赖自己，下属也会产生一种惯性，无条件地贯彻上司发布的命令。参与型领导者则会通过授权等方式同下属建立一种互相依赖的关系。安妮·马尔卡希的领导方式就是向下属提问和仔细聆听下属的意见，让反馈得以充分到达，因此她的团队充满了民主和公正的气氛，大家彼此之间的交流更加畅通和无碍，可以提出创造性的方法来解决团队中遇到的新问题。在安妮这里，权力不需要强调就可以得到人们的服从和无条件的支持。

教练型领导会在团队中创造一种领导与未来领导之间的关系。教练型领导者认为人们应该学会从以往的经历特别是失败的经历中学习经验。他们会让员工边做边学，而不会为了避免错误立刻告诉员工正确的做法。当一个人想要成为新的领导者，并有学习的愿望时，教练型领导往往是最有效的。

共识型领导者最懂得巧妙、不着痕迹地发挥权力，并且不会触怒那些不同意见的人。他们适合于长期合作的团队关系，这样可以在团队成员之间营造一种互相支持和信赖的关系，一起为一个共同的长期目标努力。

专家型领导者会更重视严谨的工作和效率的提高，而非努力营造一种和谐的人际关系。团队成员一般从事的都是不需要紧密合作的工作，依赖于知识和专业的丰富与否。

合作型领导者会与身边的团队成员建立起互相理解的关系，他们的权力来源于下属对他们的信任与支持。当下属十分关心彼此之间的关系并且具有高度责任感的时候，这种领导类型会发挥出最大作用。

领导者一方面需要考虑领导风格与权力风格的匹配，同时也要考虑到环境对领导风格的影响，针对不同的环境及时改变自己的领导风格。

对于领导者来说，一定要先了解自己整体工作环境和团队共同的价值观和愿景。纳拉亚纳·穆尔蒂说过这样一段话：“在选择领导方式时必须考虑到具体的背景。最好的CEO也未必能够胜任参议院或总统的工作，因为他们面临的是不同的环境。”所以，领导者一定要先了解自己工作的具体环境，然后再有针对性地调整自己的领导风格，引导整个团队向一个共同的愿景前进。

Amgen的CEO凯文·夏尔在MCI的经历让他更深刻地体会到了如何针对环境的改变及时改善自己的领导风格，他一般是针对工作内容和员工自主性变化来进行改变的。他将“海拔”这个词应用于工作内容。

夏尔长期的工作经验让他发现，不同的海拔点，关注的工作内容会有所不同。当你处在最高海拔点，你会关注宏观性的问题，比如公司的目标和使命？员工们对这些目标的认同程度如何？是否愿意为这些目标努力？但是在最低海拔点，就会关注一些比较细致具体的事情：我们的产量怎样？能不能完成今年的任务量？在海拔的中间位置，关注点又会发生变化：那家公司是不是值得我们投资，他们新推出的产品有无市场前景？

夏尔认为，作为一名优秀领导者需要全面考虑不同海拔点的问题，实际上，可以很好地达到这种全面程度对领导者是一个很大的挑战。他看到大多数领导者都会从自己最舒服最方便的角度看问题，很不幸，一旦过于关注某个海拔忽视了其他角度，这些领导者在处理问题时就会遇到问题。尽管夏尔从韦尔奇那里学到了如何在不同海拔之间改变视角，并且恰当处理不同海拔出现的问题，但是他发现自己还是偏于关注一些细节性的工作。“我常常会认为可以独自完成一件事情，当这种状态发生时，我会忽略专家的意见。我为这种毛病付出了高昂的代价。我曾经不听劝告去开发一种新产品，结果导致一败涂地。虽然我喜欢在最高海拔处工作，喜欢策划，但是经常整个组织对我感到不安，他们总是会讨论：‘夏尔又想出什么新花样了？’我要警惕不能把这些情况告诉给不恰当的对象。”

夏尔担任领导者很多年，这个过程中他一直对自己的领导风格进行努力改善，让他们逐渐完善。现在，他的领导风格已经逐渐成形，他会巧妙利用手中的权力为自己更好地服务。对夏尔来说，360度的评价方式更合适他。“我的成功归因于一个独立、可信任和专业性强的团队，如果没有他们也就没有我现在的成就。我的领导风格可以总结为首相式领导。”

领导者在经历了“知”、“止”、“定”、“静”、“安”、“虑”这六个层次之后，只需要恰当地运用智慧将这六点结合，就会有所得——最大化发挥领导效力，得到职业上的成功，成为一名卓越领导者。判断一位领导者成功与否，一个重要标准就是是否领导者发挥了最大领导效力，带领团队实现了最优绩效，达到了曾经规划的愿景。卓越领导者毫无疑问都会做到这一点，因为他们拥有明确的目标，对成功的清晰定义，会考虑整个组织的发展前景，通过不断自我完善，提升领导力。同时，他们还会帮助追随者提升能力，通过共同努力提高组织的实力。

eBay的约翰·多纳霍的领导经历全面体现了“七证”在他身上发挥的作用，他告诉我们他是怎么一步步逐渐成长为一个优秀的领导者的。

1983年秋天的一个晚上，年仅23岁的多纳霍在餐厅与未婚妻爱莲享受着愉快的晚餐。这时的多纳霍虽然刚毕业一年，但作为资讯分析师的他已经在贝恩公司做出了很好的成绩，他对他的未来充满了希望。但是爱莲对多纳霍的未来充满了担忧，她担心多纳霍会为了所谓的工作和事业放弃自己内心真正关注的东西。她告诉多纳霍，他经常性的加班、出差以及工作压力带来的性情不稳定会影响他们的感情。爱莲问："这些都是你想要的吗？"多纳霍肯定地回答："当然不是。"他在一张银行收据背面写道："我不会做一辈子管理顾问。"随后签上自己的名字。多纳霍事后回忆道："其实爱莲是想提醒我要忠于内心。"

随着多纳霍职业生涯的逐步推进，他担任了贝恩全球执行董事，与此同时他也努力过着忠于内心的生活。"我最终的目标是要能够对这个世界产生一种影响，成为一名真正的企业家、丈夫、父亲、朋友。这是我的最高目标也是一个极大的挑战。"

对于多纳霍来说，时刻忠于自己是一个极大的挑战，最大的追求就是可以过上自己满意的生活。为了过上这种生活，多纳霍必须学会整合和平衡自己的生活。

"我每天都在挣扎，每天都在做出各种取舍，而且这种挣扎随着年龄的增加也在不断增长，我的职业生涯却没有与之相关，是我的家人提高了我的工作效率，我的生活因为坚定的人生信念和目标而与众不同。"

多纳霍强调，只有将个人和工作中的相关要素都整合在一起，包括工作、家庭、朋友，这样才能时刻保持自我。"不管你在哪里，想坚守自己的真诚和自我意识，必须努力学习，不断成长，你要不断地奋斗和努力。”

卓越领导者会时常提醒自己关注平衡性，他们会保持清醒，避免浮躁，避免在有了成就时变得骄傲，也会避免在遭遇失败时过于沮丧而一蹶不振。为了忠实自我，领导者会选择在闲暇时间经常与家人和好朋友在一起，经常进行体育锻炼，做精神修炼，这些都会帮助他们极大提高领导效率，保持自我的本真。

多纳霍也重视选择的作用，他认为一个人的力量太单薄了，很容易被世界、社会俘虏，所以，想要真正了解自己的灵魂，一定要保持清醒，做恰当的选择。而选择对每个人来说都是一件很困难的事情，很容易犯错。多纳霍在工作中面临了多次艰难的抉择。他毕业之后，妻子爱莲也踏上工作岗位，爱莲作为一名法官需要每天7点半开始工作，多纳霍也因为工作性质经常去外地出差。为了保证妻子的工作时间，他负责每天接送两个孩子。所以，他别无选择，决定为了家庭舍弃工作，要求辞职，贝恩旧金山分公司的总经理为他提供了很大的帮助。他把多纳霍分配给本地的客户，这样可以保证先将孩子送去学校然后再去面对客户。

令他吃惊的是，客户不仅没有反对他的做法，反而表示了理解和支持。因为他选择了坦诚告诉客户他的孩子对他的重要性。“我想如果是在以前的话，我可能根本没有勇气告诉客户这些事情。在工作的时候，人们总是会让自己显得强硬一点，这样才能让周围人感觉到你可以控制一切。”

多纳霍还发现，他的生活越完整，他越忠于自己的内心，他的工作和领导效率就越高。因为他意识到，当客户对他的工作和决定表示支持时，会比较放松，没有那么大的压力。

随后的一年，多纳霍担任贝恩旧金山分公司的主管。在任职6年后，他对主管工作需要的快节奏生活表现出厌倦，他果断给自己放了3个月的长假，陪家人一起。他们一家人利用假期去欧洲旅行，在这段时间，多纳霍一边享受假期，享受与家人一起的快乐，一边重新思考未来生活的发展方向。3个月后，多纳霍回到公司，他充满了激情和活力。

1年后，他担任贝恩公司全球总经理，但是不幸的是，这一年美国经济开始不景气，他的一个孩子生了大病，这些带给他严酷的考验。

在困难面前，多纳霍学会了谦卑，他从家人、朋友、同事那里得到了真诚的帮助和支持。虽然生活遭受了巨大挫折，多纳霍没有放弃和消沉，他一如既往地真诚，在工作中向同事暴露了自己脆弱。他的这种做法赢得了伙伴的信任，让他们在压力面前更好地进行合作。多纳霍还学会了保持生活的平衡状态。“我信任我身边的人，我们经常探讨生活的目标以及应该如何去做。”他相信自己一定可以达成这些目标，因为他学会了平衡个人生活和事业二者的关系。“我把我最重要的情感都给了家人，因此经济的萧条对我情绪上的影响较小。这反过来又帮助我提升了领导能力。这也是我可以留给贝恩公司继任合伙人的最宝贵财富了。”

爱莲至今还保留着多纳霍20年前那张签字条，每当遇到挫折和挑战，爱莲会把它拿出来一遍一遍阅读，让它带给自己信心和能量。就这样，多纳霍一家真诚经营自己的生活，成功解决了一次次困难，过着忠于自己内心的生活。

所有卓越领导者，都会与自己的内心作斗争。只有不断地探索内心，挖掘灵魂的宝藏，排除内心不协调的声音，才能获得成长。尽可能多地获取关于书本和社会的知识可以帮助你提升价值观的认识。完善坚定的价值观会让你在充满暴风骤雨的前进路上始终保持正确的方向，不会迷失自我。而明确的信念，也会让你保持自我人格的完善，平衡工作、家庭、人际交往之间的关系。

领导者是一位开拓者，不但要开拓自己的内心，也要带领追随者们跋山涉水去开拓未知领域。有了来自内心探索的奠基，每个人都可以开发出深藏于心的领导潜质，当你拥有自由、平等、正直这些价值观念时，你可以完成内心和社会理想世界的开拓，加入卓越领导者的行列。

第 三 篇

“八目”窥视领导力真谛

“古之欲明明德于天下者，先治其国；欲治其国者，先齐其家；欲齐其家者，先修其身；欲修其身者，先正其心；欲正其心者，先诚其意；欲诚其意者，先致其知；致知在格物。

物格而后知至，知至而后意诚，意诚而后心正，心正而后身修，身修而后家齐，家齐而后国治，国治而后天下平。”

这是《大学》中对“八目” 的论述，“格物、致知、诚意、正心、修身、齐家、治国、平天下”也是领导力的修炼方向。

第十章 “八目”的治世之术

《大学》中被后世传颂最广、影响最深的便是“八目”，即“格物、致知、诚意、正心、修身、齐家、治国、平天下”。

在《大学》中对“八目”是这样论述的：

> 古之欲明明德于天下者，先治其国；欲治其国者，先齐其家；欲齐其家者，先修其身；欲修其身者，先正其心；欲正其心者，先诚其意；欲诚其意者，先致其知；致知在格物。
>
> 物格而后知至，知至而后意诚，意诚而后心正，心正而后身修，身修而后家齐，家齐而后国治，国治而后天下平。
>
> 自天子以至于庶人，壹是皆以修身为本。其本乱而末治者，否矣。其所厚者薄，而其所薄者厚，未之有也。此谓知本，此谓知之至也。

这段话猛然一看好像非常突兀，与上文没什么逻辑关系，但这正是曾子写作的大气魄、大手笔所在，体现了他严密的逻辑思维。上文曾子主要讲了内明之学的“七证”，并说明如果你确实理解了“明明德”，想完善自我，自立立人，自利利他，在独善其身的同时又兼济天下，把内明之学付诸外用，以个人力量达到天下安宁，那首先要了解的便是“外用”与“明明德”的重心落在哪里，只有从这里起步才能达到事半功倍的效果。因此，曾子在此段开篇明目地写道：“古之欲明明德于天下者，先治其国；欲治其国者，先齐其家；欲齐其家者，先修其身；修其身者，先正其心；欲正其心者，先诚其意；欲诚其意者，先致其知；致知在格物。”

随后他又讲：“物格而后知至，知至而后意诚，意诚而后心正，心正而后身修，身修而后家齐，家齐而后国治，国治而后天下平。自天子以至于庶人，壹是皆以修身为本。其本乱，而末治者否矣。其所厚者薄，而其所薄者厚，未之有也。此谓知本，此谓知之至也。”将道理倒叙了一遍，这样反正结合，正像是唐宋之际禅宗大师棒喝的教育法，时而赏棒时而罚棒。不仅如此，这段文字的逻辑也十分精严，首先，曾子提出“平天下”的大问题做前提，随之一正一反论证得出结论，最后得出“致知在格物”和之前“七目”论述的“知止”的“知”遥相呼应，严密工整，没有任何纰漏。在随后的篇章里有对“诚意”、“正心”等外用之学的具体细节分别予以论述，一唱三和显示大家风范。

曾子这段儒家学派对“平天下”的具体细节分别予以论述，与道家学派庄子的观点不谋而合，而庄子对这一观点的阐释正好可以解释曾子这段话的内在含义。

庄子说过：“帝王之功，圣人之余事也。夫卜梁倚有圣人之才，而无圣人之道。我有圣人之道，而无圣人之才。吾欲以教之，庶几其果为圣人乎！不然，以圣人之道，告圣人之才，亦易矣。吾犹守而告之，三日而后能外天下；已外天下矣，吾又守之，七日而后能外物；已外物矣，吾又守之，九日而后能外生；已外生矣，而后能朝彻；朝彻，而后能见独；见独，而后能无古今；无古今，而后能入于不死不生。”

庄子在这段话提出这样一个鲜明的问题，古代的帝王英豪，现代的领导者，企业家们是否对自己是否有圣人之才、圣人之道有自知之明，尤其是“明明德”之德有深刻的认识呢？如果缺少道德支撑，尽管有圣人之才，圣人之道，也称不上有“平天下”的资格。

类似的阐述在佛学中也有记载。释迦牟尼认为如果一个帝王可以治天下使天下太平富庶，那么他的功德等同于佛。这样的帝王在佛教中称作“转轮圣王”。“转轮”的意思即以己之力挽救一个时代一方百姓，相当于转动时轮，将时代推入太平。一个帝王，只有具备转轮之功，在历史上才算拥有圣主的功德。

释迦牟尼对如何治世的帝王之学也有论述，经弟子们记载，便是流传已久的《仁王护国般若波罗蜜多心经》，仁王就是我们常说的圣王。因此，这本书实际上讲的就是圣王之学，只不过这本书侧重于内明之学的修养，而对外用之学涉及无多，只说圣王之道，而圣人之术没有提及，所以本书只能在寺庙内部流传而没有成为经世致用之书。

其实治世之术本不可以长期使用，不论是儒道还是法家、纵横家、兵家的著述都只是一些旁枝末节不可算作真正经世之用，只用作解燃眉之急，但要求得长期的和平安定，须要帝王领导者真正理解“德”的内涵，以德治国，以德抚民。

日本知名企业家稻盛和夫用亲身的经历为领导者示范了如何在企业经营和人生修养方面做到“八目”。

作为日本四大“经营之圣”的稻盛和夫的人生经历并非是一帆风顺的，相反，他的人生历程异常坎坷，但也正是磕磕绊绊的经历和人生磨难让他比常人经历了更多，人生感悟也更加深刻。

稻盛和夫小时候身体很差，曾经患过肺结核，险些丧命。在学生阶段也非成绩好的学生，中考两次落榜，高考成绩也很平常，最后只进入一家县立大学，大学毕业后参加的就职考试也没有一次通过。刚开始工作时，他是在一家濒临倒闭、挂靠在一家银行下面的小单位。由于专业和工作内容不对口，工作起来不得心应手，公司的业绩也不好，尽管很勤劳，但是事倍功半，上司并没有看好他，后来不得不辞职。辞职后，他与几个同事共同创业成立了京瓷公司，但是开始经营时同样非常不顺利，几次濒临破产，他为了保住公司几次甚至卖血给工人发工资，但是还是不能抵挡工人纷纷流失的状况。最后关头，他孤注一掷，用大份额的股份留住了最后一批工人。虽然京瓷公司在后来的经营中依然困难重重，但是稻盛和夫都用自己的智慧一一克服，凭借执著的力量和经营的智慧，京瓷公司最终从一家不起眼的小公司发展为世界级企业。

在复杂的商海中沉浮挣扎，稻盛和夫归纳出一套经营哲学来对抗险峰恶浪。他看重那些脚踏实地不投机取巧的“笨人”，因为：“才子往往倾向于对今日等闲视之，不由得厌恶像乌龟一样缓慢度过一天，希望像脱兔般走捷径。在公司建起之初，很多才子因为公司没有前途而辞职，最后公司留下来的都是不太聪明、平凡的人才。但是这些平凡的人在10年后都成为了各部门的干部，究竟是什么让他们成为人才？是孜孜不倦、默默努力的力量，是坚持积累每一天的力量。”稻盛和夫给人的印象也是“沉稳中藏着精明”，他的精明并非是随机应变反应迅速的小聪明，而是一种大智慧，面对纷繁头绪和种种利益诱惑保持理智，不偏离人生方向，拥有高屋建瓴的大视野。

正是这种大视野，让稻盛和夫在竞争激烈的市场中可以眼光独到发现利润点，在边缘市场开辟没人注意到的蓝海市场。稻盛和夫意味深长地说：“改变思维方式，人生就会实现180度的大转变。”

思维方式的正确转变也就是“八目”中提到的“正心”和佛家提到的“存善念”。只有心存善念，时刻保持一颗善良的心，正心术，才可以在浮躁的市场和社会中保持独立，这既是立人之道也是企业经营之道。“如果寻求我成功的理由，也许就是这一点，我坚持了一条单纯而且强有力的指针——追求人间正道的做人准则。”

在稻盛和夫的眼里，企业的成功除了正确的思维方式之外，还归功于热情和能力，也就是前面提到的等式：工作的结果=思维方式×热情×能力。

热情，是一种对事业的热爱和百折不挠的坚持，是一种愿望与渴望，永不停息。在这种强烈愿望的指引下把种种困难化为可能与现实。稻盛和夫是佛教信仰者，佛教“精进”的教条对他有着深刻的影响，“精进”是一种心法，体现了“投资回报”的特有理念，本质追求的是“灵魂质量”的提升，而提升的唯一途径就是在艰难困苦中不断磨炼身心，稻盛和夫将经历的磨难成为“去污粉”，帮助清洗灵魂的污垢。所以在稻盛和夫看来，即使经受的苦难在现实中没有利益的回报，但是灵魂和精神得到了提升和净化，这称得上是最大的收益。

稻盛和夫提倡的等式中的热情并不是一时兴起随性而至的激情，而是一种宗教式的、越挫越勇的热情。这种热情和曾子说的“诚意”是一脉相承的。如果说“思维方式”和“热情”相当于“八目”中的“正心”和“诚意”，那么，等式中的“能力”便是“格物致知”了。

稻盛和夫在他的著述《活法》中提到：“我长期从事制造业，多次感觉到‘伟大之物’实实在在地存在着。可以说我就是接触它的睿智并受其引导，才得以开发出各种新产品，度过了自己的前半生。”

对他来说，对产品进行研发和创新的过程就是“格物”的过程。“对于细小的事情，想方设法进行改良的人和没有这样做的人，从长远来看会产生惊人的差距。在昨日努力的基础上再稍加改良，今天将会产生的巨大的进步，即使只有一小步，但这种从不懈怠、坚持到底的态度会造成优劣的巨大差异。”稻盛和夫认为，能力的提升需要在实践中进行，了解产品的真正特性，“清理其中的每一个要素，而且用率真、谦虚的态度来对细枝末节重新进行调整、修改”。他认为，一个企业生产劣质产品的主要原因就是因为没人肯花费时间亲密接触产品，倾听它们的细语和感受。稻盛和夫以诗一样的语言和哲学的思索带领我们对日本企业精密的生产与管理方式进行了探究：“对产品的现场，重新进行审视、体察、贴心、倾听。这样的话，就可以听见神灵的声音。产品现场传来的喃喃细语告知我们解决问题的诀窍——这样尝试一下怎么样？”

同时优秀的管理者不仅要自立，还要抱有“立他”之心。稻盛和夫强调双方共赢的局面，他认为，在市场中对手是一直存在着的，而经商的最终目的是追求利润，但这并不意味着要做损人利己的事情。在竞争中将对手彻底打压剥夺其盈利空间，或许会取得暂时的利润，但对企业长期发展十分不利。只有在将自己发展壮大的同时给员工、竞争对手留有余地，在市场上实现互利共赢，才可以在商海中长期生存。

稻盛和夫十分看重利他之心。利他之心指的是企业要有善心，帮助他人获得利益，在必要的时候可以牺牲自己的眼前利益。利己之心是一种基本需要，但这并不意味着在获得自己利润的同时要损害他人的利益。稻盛和夫说："利己之心是必需的，但是如果光有利己之心，决不能度过美好的人生。我们应该努力把别人的喜悦作为自己的喜悦来感受，把别人的悲伤作为自己的悲伤来感受，即要具有利他之心。"

一个领导者只有具有利他之心，才可以不断开阔自己的眼界，不断完美自己的生活，用长远的为人类谋福利的目标来设定自己的人生规划，从而获得企业乃至人生更大的成功。每天我们都要作抉择，不仅是一些与人生前途有关的重大事件，即使是一些小事也需要我们的正确判断和决定，人的一生也就是在决策的正确和错误中不断积累着自己的经验。而这种种判断依据又是从何而来呢？一些是靠直觉，一些是凭借感性，还有一些是要经过深思熟虑综合考虑各方面的要素，但判断的度很难把握，犯错误不可避免。对于如何将犯错误的几率降到最低，稻盛和夫认为，要"用灵魂，就是利他之心即超出只要自己好就行的想法，即使牺牲自己的利益也要为别人付出点什么之心"来进行判断。只有放弃小我的利益，将眼光放长远放开阔才可以将决策做到最好。

利他之心不仅对个人发展有着正确的指导作用，稻盛和夫认为，利他之心对企业前进也至关重要，但发展利他之心却并非易事。他说："只有抑制人类所具有的只要自己好就行的利己之心，才会出现那种利他之心。首先，需要对与自己的生命和名誉有关的问题进行深刻思考。其次，提高自我修养，不断发展自己的善心。再次，其实人生的经营与企业的顺利开办都是同一本质，人们所在的企业"就是我们每个人去追求正确的人生的最重要的一个场所。"

“欲修其身者，先正其心。欲正其心者，先诚其意。欲诚其意者，先致其知，致知在格物。”稻盛和夫用他的亲身经历和深刻思考为我们指出和实践了“八目”的致圣领导力的真谛。

第十一章 致知格物

——达到“外王”境界的起步之阶

此“知”非彼“知”也

在详细论述“八目”如何影响领导力之前，还是要从《大学》文本出发，先阐明几个基本字眼、基本概念才能将《大学》对领导力的影响和指导说清，让领导者更明确沿着“八目”所指方向走下去。

从“明明德”的“七证”开始，由“知止”到“虑”、“得”，曾子论证的每一步都有独特的境界和进步。到了“八目”，他的目光已由自修转向了国家，境界由“自立”上升到“平天下”，开始探究“平天下”的道理和修为。不过曾子目标虽然定得很高，但他的关注重心、落脚点始终在个人修养的“诚意、正心、修身”的范畴，就好比对一个人说，你可以尝试一下自己的才华与能力，大展手脚做一番“齐家、治国、平天下”的事业，不过在此之前你必须称量一下自己的水平，是否学养已经达到“诚意、正心、修身”的标准。

要求一个人反省自察的同时，曾子又抛出了一个难题：要想做到真正的“诚意、正心、修身”，首先要理解“致知”的“知”，要想理解“知”必须要学会“格物”。也就是说，只有真正做到了“物格”才能明白“知”的真正含义，才能进一步理解由“知、止”到“虑、得”所明悟的明德之用途，才可以真正修炼成“诚意、正心、修身”的品德，知道自己为人处世的准则。到了这个境界，一个人无论是“齐家、治国、平天下”，还是一世无求、退隐山林、老死牖下都可以此生无憾了。但这里还要对一个字深究，“知”，究竟“物格而后知至”的“知”与“知止而后有定”的“知”有何异同。

“知”，在前面已经说过，是人天生存在的感知万物的能力。当一个人处于胎儿阶段时，已经存在“知”了，只不过人们将胎儿的“知”称作本能反应或生理反应。在婴儿初生阶段，“知”的作用尤为薄弱，在外人看来尚不及本能的生理反应，这主要是因为在这一阶段，偏理性的知性尚未成熟，可以显示的只是生物、物理的感觉作用，比如饥饿、疼痛或者哭笑。如果广泛定义的话，只要有意识有感觉，对外界刺激有反应，这就可以说是“知”在起作用。只是我们习惯于狭隘定义“知”，仅仅把范围局限在意识、思维层面，甚至是思想及思想里好的一面，即理性，而把出自本能的神经反应和生理感应称作感觉。感觉中的分辨功能称为知觉。在感觉或知觉过程中产生的喜怒哀乐之心理变化和心情状态称作“情绪”，情绪是变化的，而如果一种情绪持续较长时间即称为感情。如果一个人经常处于某种情绪点，长时间拥有某种情感，日积月累，便又成为一种人格特质、一种性格。其实，这些复杂细腻的种种状态，都是“知”在起作用。

但这个“知”的复杂之处就在于还要分为不同的层次。在婴儿初生阶段，这个“知”还具有某些与生俱来的状态，即它是安定的平稳的，有一种明暗不分、恍恍惚惚的混沌状态，对外界的反应也是下意识的、本能的。而当婴儿逐渐长大，在走向成人的过程中他的意识也在逐渐变化，耳闻目睹以及人生经历的影响，“知”会逐渐分化演变，逐渐学会辨别是非善恶，有了思想意识的知觉，有了感觉和感受。而知觉和感觉的相互影响和作用，便促成了意识、思想的所知性的形成。

所知性的“知”和与生俱来的本能知性的“知”，就有了一道明显的分界线，即经过后天成长，可以有意识地区分好恶对错。“能知”与王阳明取法《大学》、《孟子》提出的“良知”、“良能”的意思相同，都是无意识、本能反应的状态。

因此，在《大学》最初篇目中提到的“知止而后有定”的“知”便是“所知”的知，是成人后有的意识的状态。“七证”其实是要求人们可以明辨对错好恶的“知”开始自我修证，逐渐修炼至“虑而后能得”的“明明德”境界。而在“八目”中是要在已经“内明”的情况下，开发“明明德”的外用亲民之学。终极目标是“齐家、治国、平天下”，所需要的修为是“诚意、正心、修身”，这一切的基础和落脚点便应在了“格物致知”的“知”，这个“知”与知止的“知”有着本质的不同，进而影响着所起的作用、辨别的名称。

由于一个“知”字有着不同的涵义和层次，因此，在古代典籍中对“知”的表达方式也各有不同，有称为“神”，有称为“灵”，有称为“思”，在佛学盛行之时又称为“智”或者音译为“般若”，在上古史中记载黄帝的文字就这样说道：“生而神灵，弱而能言，幼而徇齐……”这里的“生而神灵”之意便是生而知之的意思。

在《黄帝内经》中也有关于“知”的记载，黄帝问岐伯有关人的生命变化原理时有这么一段话：

> 帝曰：“寒、暑、燥、湿、风、火，在人合之奈何？其于万物，何以生化？”岐伯曰：“……其在天为玄，在人为道，在地为化，化生五味。道生智，玄生神，化生气……”帝曰：“何谓神？”岐伯曰：“神乎神！耳不闻，目明心开而志先，慧然独存，口弗能言，俱视独见，视若昏，昭然独明，若风吹云，故曰神。思则心有所存，神有所归，正气留而不行，故气结矣。”

这里的神也就是“知”，其中的“独存、独见和独明”与《大学》后提及的“慎独”有至关重要的作用。

因此，领导者在提升个人修养时必须首先认清“知”不同层次的内在含义，才能有针对性地考察自己的缺陷，针对“内明”和“外用”的不同效用加以修养。

“致知”与“格物”的真正内涵

“致知”、“格物”是“八目”中最基础的部分，领导者只有学会了掌握基本要素才能逐渐登堂入室，去修身、齐家、治国、平天下。如果连最基本的致知、格物都不能实现，何谈修身，何谈齐家，更不用说治国、平天下了，即使因为一时侥幸有机会治理国家或者企业，那也只是空中楼阁，很容易倒塌消失。

《大学》中讲“致知在格物”，“物格而后知至”这两句话的中心词便是“致知”与“格物”，首先要了解这两个词的真正含义。

“致知”的“致”字与到达的“达”同一含义，“知”就是“知性”之知，整个词的含义是不断体察自我能知之性的根本是否可以真正到达这个程度。

“格物”的“格”在上古典籍中出现的次数并不少，如“有神来格”，“有苗来格”，但这个“格”并不等同于隔开，而是与“知”有些类似，是知道万物的本质和规律。而“物”指的是万物，“物吾与也”，万物与我都有紧密的相关性，“格”与“物”组合在一起形成的词语“格物”并不是让人完全摒弃思想中的物欲。在《中庸》中，对“格物”有着详细的解释：

> 唯天下之至诚，为能尽其性；能尽其性，则能尽人之性；能尽人之性，则能尽物之性；能尽物之性，则可以赞天地之化育；可以赞天地之化育，则可以与天地参矣。

因此，格物不仅要达到“内明”的尽人之性，还要向外扩展延伸，达到“尽物”之性，这样才能实现内圣外王的境地。

为了深入剖析“格物致知”的内在含义，借用《易经·系辞传》来做详细的分析。《易经·系辞传》中关于“致知格物”有详细的解释，关于“致知”的“知”，如“知几其神乎！穷神知化，德之盛也”，“和顺于道德而理于义。穷理，尽性，以至于命”，“将以顺性命之理”。“格物”则有“知周乎万物，而道济天下”、“曲成万物而不遗”、“鼓万物而不与圣人同忧”、“开物成务”、“兴神物以前民用”、“备物致用，立成器以为天下利”、“遂知来物”、“精气为物”。根据这些解释，可以归纳出“致知格物”到“诚意、正心、修身”的关键点即在“穷理，尽性，以至于命”，用“将以顺性命之理”的“格物”来达到“修身”的目的。理解了性命的真正的含义，便可以认识到我们的躯体也是外物，而“能知”之性，“明德”之体的道才是“心无一物”的核心，正如孔子说的“其身正，不令而从。其身不正，虽令不从”。

而这个根本决定因素“道”的获得便有些麻烦，既不是与生俱来也不是完全不能得到。孔子也对“道”做出过这样的阐释：“生而知之者，上也；学而知之者，次也；困而知之者，又其次也；困而不学，民斯为下矣。”曾子反复提及的“致知格物”、“物格知至”，强调内圣外王的“明明德”，其实正是将个人修养提升到最高的位置，就像本文结论中提到的一样，“自天子以至于庶人，壹是皆以修身为本。其本乱而末治者，否矣。其所厚者薄，而其所薄者厚，未之有也。此谓知本，此谓知之至也。”

“致知”——认知自我，提升个人素养

“致知”对领导者的要求体现在两个方面，一方面是要不断学习新知识新技术，提升学识，另一方面可以充分认识自我，有自信。

在北欧神话中有这样一个故事：

奥丁神一直享有智慧的美名，但是一次他的愤怒和报复心等不良情绪占主导，他不受控制做出了对己对人都很不好的事情。所以，即使是高高在上的神也会由于某些负面情绪影响判断失误，做出某些不良事件。知道了自己的缺点之后，奥丁找到了掌管智慧之泉的精灵米密尔，渴望精灵可以告诉自己如何增加智慧和前瞻性。精灵警告奥丁如果他想获得这种智慧必须舍弃一只眼睛，并且把眼睛扔进智慧之泉。尽管要毁容和丢掉一只眼睛，但是为了获得智慧，奥丁依然按照精灵的指点，挖出了一只眼睛，并把眼睛扔进了泉中，这样，以一只眼睛为代价，奥丁得到了梦寐以求的智慧。

神话可以给我们这样的意见，对于我们这些渴望获得智慧的普通人，尤其是领导者来说，要想保住眼睛又获得智慧，我们必须从严于律己开始修行。作为领导者，你或许一直习惯观察你的下属，从他们身上找毛病，但是为了更加成功，你必须学会观察自我，看看自己如何与他人交往进行合理的互动，给他人指导。观察别人很容易被假象蒙蔽，只有不断观察自己，体味内在，找到自己内心的愿望和本能是如何指导自己作抉择的，抱着什么目的帮助他人的。这很难做到，而且在实施的过程中还会很痛苦——就像挖自己眼睛一样，但是作为领导者必须这样做。

当一位领导者在观察自我后发现自己一以贯之的行为方式、领导原则并不能指导下属很好解决问题时，会很让人恼火。因为这不仅是面子问题，还关系到工作效率。错误或者不当的领导方式会阻碍人们修正自己的价值观、习惯和做事原则，在处理难题时造成阻碍。同时它还会降低领导者领导下属的能力，使有雄心壮志的领导者变得心有余而力不足。所以，要避免这种状况出现，领导者必须真正了解自己的本质，找出弱点，不断改善。

罗纳德·海格伍兹经常强调，在挑战中将领导力真正贯彻，就像“在刀锋上迈步”一样举步维艰。但是，真正的领导者就是要让人们改变自己的想法跟从领导者的愿景和目标，所以，领导者必须要冒风险。当面对这一过程出现的挑战和难题时，领导者就要学会提高自身修养，了解自己的个人要素如何阻挡领导力的发挥，工作效用的降低，甚至给整个组织带来的损失。

每个人都有本我，包括自己的价值观、社会定位、潜意识欲望、习惯的办事方法以及自己不清楚的死角。本我直接决定着领导风格。本我还包括人们对过去经历的事情、喜好和身份定位后，在面临压力时表露出的真正的办事风格。优秀的领导者会在危急关头权衡利弊，正确发挥本我，控制自己的怒气等不恰当的情绪，正确处理事件，而非一意孤行，阻碍团队的进步，朝着正确方向前进。

以柬埔寨商会会长许锐腾的事件为例。当时柬埔寨正在极力恢复遭战争破坏的国家经济，许锐腾主要负责商界和政府的沟通，并且努力为柬埔寨投资和事业环境的发展贡献策略。那时的柬埔寨经济环境很差，许锐腾面临的是一项艰巨的工程，这项工程需要真正高瞻远瞩、掌控大局的领导者，但许锐腾恰恰脾气暴躁，很难自我控制。一天，许锐腾要坐飞机办事，但是登机前，与他一直有分歧的航空公司因为行李超重对他进行罚款，许锐腾认为航空公司是在羞辱他，于是从保镖身上拔出手枪，对着要乘坐的波音737飞机轮胎开了一枪。这种失控的行为，让机场乘客、工作人员乃至全国人民非常震惊，他们也对他丧失了信心和信任。许锐腾难以控制脾气，导致机场上发生令国家蒙羞的一幕，说明他不能拿捏手中的权力，没有基本的自控能力，难以在关键时刻掌控大局。优秀的领导应该看清局面真正的走向，即使想独揽大局，想一手掌控局面，但是当形式不允许这种状况发生时，必须要抵挡权力的诱惑，压制怒气的发作，作出正确的抉择。

“一战”时期，作为英国政府任命的负责与阿拉伯人沟通的联络官托马斯·爱德华·劳伦斯，自我控制能力非常卓越，在危急关头控制本我，正确的处理危急局面，这也让他在处理事情上更加游刃有余，一定程度上摆脱本我的限制。

> 我可以留心藏匿于身体里的自我个性和本能；他们是我企图要隐藏的特征。那里有我对其他人喜爱的渴望——如此强烈又敏感，使得我几乎不敢向任何人袒露心扉。一次失败的讨喜尝试，给了我严重打击，以至于此后我都不敢再越雷池半步……那里有我对名声的渴望，但又害怕被名声所累的复杂心理。对名声的趋之若鹜，让我自己也瞧不起自己，于是干脆拒绝别人加在我头上的任何荣誉。

劳伦斯比普通人更加了解本我的危害，更重视自我素养的修炼，虽然他的本我会不时地跳出来扰乱他的情绪，但是他一直敢于自察，积极控制自己的情绪，了解情绪后面的深层动机和意义。这种行为让他可以正视本性中的弱点，在团队工作展开的关键时刻不会跳出来进行干扰。

领导者探寻本我的行为可以称作“自我诊断”。自我诊断不是光说说就可以，要贯彻下去还需要技巧和具体的行动力。在自我诊断时，领导者需要回顾以前的经历，总结失败和成功的经验，还要举一反三，找出自己的一个行为、决定和其他行为以及内心想法之间的关系。这实际上是一套系统，人们可以在这个系统不断体会自己行动的深层含义，认知自己的潜意识。这样诊断后，领导者就可以知道自己看似无意识采取的行动——对下属的指点、批评，自己做的决策——究竟会产生什么样的后果，是帮助下属解决问题，帮助组织不断前进，还是会导致他们退步？

相信每个领导者都希望自己的决策可以帮助下属、组织在自己的指引下不断进步，所以领导者应该从这几个角度来加深对本我的认知：从搭档那里发掘自己难以企及的能力死角；区分这两个概念：固执己见和高效领导；承认和知道自己的私心怎样阻止工作的顺利展开；经常与下属沟通，了解他们的真实想法；对自己的能力范围有清楚的了解，知道什么时候应该退居二线，把职位让给更有能力的接任者。

一个真正出色的领导者应该对下属采取诚恳直接、和蔼开放的态度，让下属敢于接近你，不会因为你拥有高高在上的权力而畏惧你，怕担风险而不敢说实话。最佳的领导者应该是这样的，当他犯错误或者制定不合理的决策时，下属敢于面对面地指出：“我认为你在这个问题上的决策是错误的，有待商榷。不合理之处在于……”每个虚心的领导者都会认真倾听来自下属的批评，正确的批评有助于纠正错误，帮助领导者个人以及公司更好地发展，即使是错误的批评，领导者也可以从中学到有用的东西。所以，当领导者遇到直言不讳指出错误的员工，并且员工的分析批评有理有据，领导者应该发自内心地向他道谢，立即改正错误，改善局面。如果领导者真的这样做的话，那么他虚怀若谷、勇于改正自己错误的美德就会在公司广泛传扬，鼓励更多员工分享自己对公司的建议，自由表达想法，营造更公开公正的整体气氛。

其实善于纳谏要求领导者有充足的自信心，从长远角度看待问题，以公司利益为最先考察要素，知道承认错误并不会影响自己的威严与影响力。赫拉尔德·格尼恩在领导国际电报公司时也不可避免地犯了一些错误，但他的形象并没有受此影响。他勇于在总经理大会上坦言自己的失误。在大多情况下格尼恩会这么说：“我想我下错了一个命令。”接下来他会向员工描述他的规划，让大家相信他会尽最大努力改正错误，补救已形成的损失。

优秀的管理者会尽力控制自己的行为，不让行为中表现出个人偏见，也不会在行为中流露出丝毫的自负，因为他们知道，领导者的自我膨胀是实现卓越的大忌。自我膨胀与酒精中毒其实是一个原理，都是源于内心安全感的缺乏。只不过，酒精中毒影响人们的身体健康，但是自我膨胀是精神上的毒瘤，很难拔出。一旦恶化，会影响到团体乃至公司的整体利益。

以自我为中心的自负存在于各种类型的领导者，当自负越来越严重的时候，领导者会产生这样的假象：自己永远是正确的，不会出错，自己是天生的领导者，所有人都会永远听从自己的领导，而且他们拒绝接受其他人的批评，自大狂妄。虽然作为领导者适度的自信是必要的，但是当这种自信超负荷时就会变质，成为自我膨胀，严重阻碍组织的发展。

自我膨胀和适度的自豪感应该如何恰当区分呢？在二者产生初期的表现基本一致。就像普通的饮酒和酒精中毒症一样，在最开始是无法分辨的。吃饭时，稍微喝一杯酒会感觉很好，一杯酒也不会让一个人变成酒鬼，那如果喝两杯呢？喝三杯呢？究竟是不是酒鬼呢？区分的关键不在于饮酒量多少，而是数量后面掩盖的本质和行为动机。

一个刚有成绩的领导者会对自己拥有的精致办公室、豪华汽车感到自豪，他也许会翻阅一下和他的成就有关的报纸，向其他人炫耀一下，但是这没什么不妥，都是人的正常行为，但是很多人的行为往往超出了这个范畴。很多领导者攀比私人飞机的型号与豪华程度，攀比在媒体上露面的频率，会因为办公室布置不合心意而抱怨不止，也会因为媒体文章不及竞争对手多而牢骚不断。现在很多公司的执行总裁为了增强社会知名度，将重心放在各种社会活动中，对公司的本职工作置之不理，推给其他人完成。这种自我膨胀让他们忽略自己的义务和责任，给公司和个人都带来了损失。

一位公司的领导者管理公司将近20年，他本人杰出的能力让公司业绩大增，成为业内知名企业，他也成为了媒体关注的焦点，不停有人邀约他做主题报告，于是他将自己的主要精力用在了主题报告上，荒废了本应该负责的公司职责。尽管媒体将他夸耀成科学管理的当代领军人物，但是公司内部却对他的做法嗤之以鼻。最终他的自我膨胀让他丧失了公司领导层的职务，成为一个笑柄。

一个领导者自我膨胀的恶果不仅在于自我能力的下降，对业务的荒废，还会对公司的业绩造成不可挽救的影响。毫无疑问，所有人都讨厌不断炫耀自己的成绩、对人冷酷无情、不务正业的领导者，每个人都会尽量避开这样的人，有利于发展和进步的批评和创新建议都会消失，整个组织会渐渐死气沉沉，没有活力。而丧失追随者的领导者后果是可怕的，因为没有人认可你、支持你，你的职务和权力也会变成空壳，最终丧失权力。

自我膨胀很难区分也很难预防，所以领导者必须要善于自省和自察，保持谦虚的心态。因为自我膨胀的原因就在于人们对失败的极度恐惧。人们不断充实自己不断学习就是为了避免失败，但是失败只会造成短暂的失落，真正毁灭性的打击往往是由于成功所致。成功的光环会蒙蔽一个人的双眼，让他看不清自己的缺点，过分自大导致膨胀。所以，一个领导者在面对成功时必须要提高警惕，不断询问自己：我可以正确处理成功后带来的虚华吗？我可以避免自负吗？可以抵御糖衣炮弹吗？还可以对那些批评和指责虚怀若谷吗？相信一个领导者真的可以面对这一切，并做出正确的回答，摆正自己的心态，那他的成功就可以一直保持，不断保持优秀了。

一个优秀的领导者不是瞬间形成的，而是要不断学习充实，实现自我认知，勇于承认自己的错误，拥有虚怀若谷的自信心，这才是“致知”对领导者的基本要求，才能引领企业不断前进，为“修身、齐家、治国、平天下”打下良好的基础。

“格物”——全方位掌控局面

“格物”并非是让领导者去除心中的欲望，而是要求领导者既有“内明”的尽人之性，也有“外用”的尽物之性，恰当处理周遭外物间的关系，为公司顺利运营创建一个良好的环境。

“内明”的尽人之性即要求领导者拥有鲜明的个性特征与魅力，用个人魅力影响追随者团结在自己的周围，从而创造更多的价值。

一些杰出领导者的名字可以代替整个企业，代替所有员工，表现出企业的价值观和精神风貌。卡耐基就是这种情况的典型代表。他建立了以他名字命名的钢铁托拉斯，并且将自己的个性特征和价值观融入组织中。卡耐基的个人魅力在这里得到了完美的体现，我们在这个钢铁托拉斯公司的产品上看到的不是“美国钢铁公司”，而是“卡耐基”。

卡耐基将他的影响力扩展到了每个员工身上，他用他的热情感染到了每个员工，让每个员工对组织忠诚，发挥自己的聪明才智，每个部门的员工团结一致取长补短，完善自身，促进自身及组织的发展。

卡耐基卓越的人格魅力是如何形成的呢?

每个杰出的领导者都拥有一些共同的人格特质，比如乐观的态度，热情谦虚的性格。卡耐基突出的特点是拥有勇气，永远对未来抱有希望永不言败，他总是会发现有一些伟大的事情来做，并且自信自己可以做到最好。在自己勇往直前的同时，他也将自己的光热散发到周围人身上，为他们指明方向，不放弃希望，坚持自己的梦想。虽然很多人受过高等教育，有出众的智商，但是与卡耐基相比，他们缺少一种自信，相信自己可以做好任何想做的事情。所以，卡耐基成功了，成为影响他人也实现自我价值的领导者。

在曼德拉身上，在华盛顿身上，在戴高乐身上，我们都可以看到这些品质：乐观，充满希望，有勇有谋。不止这些伟人，其他默默无闻的管理者身上同样有这些优秀的品质，正是他们的无私奉献，成就了领导者的丰功伟绩，也成就了自我的价值，这些人无论是否名字载入史册，他们都无愧于“领导者”这个称号。

无论是杰出的领导者还是成功的组织，都会鼓励人的个性的发挥，求同存异，突出个性的作用。

卡耐基的著作和亲身实践中就非常鼓励个性，他对个性的认同让成群的管理者成为百万富翁，对个性发展的支持又让无数有潜力的员工充分发挥能力，成为企业的中流砥柱。他经常对员工说：“把你最优秀的东西呈现给这个世界吧，世界会给你回报。如果我们这个组织就是你的世界的话，我们也会给你相应的回报。即使我们不是，你也会在任何你所处的行业中得到相应的回报。”

任何一个企业或者团体都是每一个独特个体的集合，发展壮大依靠每一个成员个人力量的整合。每个企业的发展不可能凭借一人之力在这个竞争激烈的社会存活下去，每个员工都是企业宝贵的财富，只有他们力量的充分发挥才会给企业，也是给个人带来更多的发展机遇。领导者应该充分发挥个人魅力，用个人魅力带领员工充分发挥优秀个性，团结在领导者周围，追随领导者，用他们的整合力量推动企业的不断进步。

所以，在认知本我的同时，请充分发挥你独特的优秀个性，这不仅是让你拥有个人魅力的基础，也是成为领导者，发挥个人魅力的必要条件。

尽物之性要求领导者有广阔的视角，可以妥善经营与本企业相关各方面角色之间的关系，对各个领域都尽心经营，一般来说，领导者应该关注以下问题：

首先，从顾客角度来看，他们对公司、产品以及提供的服务有什么要求？领导者应该问自己这些问题：公司的工作是以产品和服务为中心还是根据顾客需要进行的规划？各个产品设计部门、产品制造部门、产品销售部门之间交流频繁吗？有没有建立专门为有特定需要顾客提供服务的部门或者团队？绩效评价标准是员工的工作业绩或者是上司对他们工作评价还是顾客提供的及时反馈？

顾客满意度评价体系是市场部或人事部某些人设计的还是你亲自根据市场调查出的顾客的真正需求设计的？你喜欢使用哪种人员，是埋头办公室不亲自走访顾客的工程师，还是喜欢深入顾客群调查他们实际需求，不断提供反馈的工程师？对顾客满意度的评价指标如何确定？是统一规划还是根据不同人群分门别类？

在当今的市场上，形势瞬息万变，没有一成不变可以依靠的教条，需要的是领导者不断根据市场的真正需要、顾客的需求来制定销售策略，不断创新，从而占领市场。

其次，从公司员工角度看，员工在企业工作的真正感受是什么？

员工是企业最活跃的细胞，因此，作为一名领导者，必须知道员工思想的动态。员工是否有主人翁意识，以可以在公司工作为荣？他们是否可以设计职业生涯并顺利实现？他们是否认为自己是企业不可或缺的元素，企业的发展成败需要他们的贡献？

如果你可以肯定回答这些问题，那么恭喜你，你已经掌握了一些最佳实践经验。

第三，从公司角度来看，公司的核心竞争力是什么，在市场上的真正地位，在市场中已经出现或者将要出现的变化是什么？

领导者在考察公司运营之后，应该了解这些基本情况：公司的盈利和成本与竞争对手相比优势和劣势是什么？你是否拥有本行业最优秀的员工，或者优秀的员工有没有倾向转战到你的企业？

如果你的企业多年一直经营比较顺利，规模发展也越来越壮大，这些问题的及时自我发问很重要，过多过长的成功很容易导致一个企业因自满停滞不前。所以，要在市场上处于不败之地就必须要不断发现自身的缺陷并不断改进不断创新，吸引更多的优秀人才加入。

领导者们应该意识到自己所占的市场份额越大，取得利润越高，就容易变成众矢之的，成为众人挤压的目标。对企业现状的清醒认识可以帮你更深刻地了解现状，从而制定合乎现实的政策。

以美国联合信号公司为例，他们的目标就是成为世界上最好的公司之一，在进驻的每一个领域都达到顶峰。公司制定了一系列有助于达成目标的公司价值观，这些价值观反映了公司对顾客的关注；不断保持诚信和公正；保证员工辛勤的工作可以获得与之相匹配的回报；对公司未来发展愿景的规划，对创新改革的鼓励。目前公司的计划是每年达到12%的利润增长，公司董事会主席劳伦斯·博西迪制定了下面三条发展战略：

公司业绩的增长主要依靠新技术和新产品的不断开发，鼓励创新，加强与顾客的联系；始终以全球化公司为发展目标；通过并购规模较小的企业和建立合资公司来扩大产品范围，扩张地域范围，实现不断增长。公司的目标每天都在发生着变化，不会一成不变，价值观、愿景和理念也会一直坚持下去，博西迪很明确地了解达到目标需要做的种种努力，也一直抱有严肃的态度。

劳伦斯认为一个领导者最突出的素质就是具有号召力，让人们聚集在他的周围，并一起为共同目标努力。领导者的素质并不完全相同，各种性格的人都有成为领导者的可能性，但是对于劳伦斯来说，他认为一个领导者应该具有全局观念，眼光不是一直停留在财政目标的完成，业绩的评价也不再根据工作的完成状况，一个领导者要看他显示的领导才干，包括有效的沟通协调、善于团队合作，并且坚持以顾客需求为导向。

领导者需要定期为下属提供客观公平的绩效反馈，这并不是仅仅是对他们错误的批评，也应该包括赞扬与期待，通过面对面交谈指出员工的优缺点，让他们了解自己可以对公司产生什么帮助，提升他们的主人翁感觉。不同部门的领导者工作具体落实点也有不同，销售市场部的领导者，需要亲自与顾客沟通，了解他们的真实需要，了解市场；科研开发部的领导者则需要对产品的状况，对目前科技发展状况有个了解，深入实验室指导研究进展；人力资源部的领导者，需要去员工中间了解他们的真实想法。

泰迪·罗斯福曾经说过：“最优秀的领导者是那些有着足够明智的头脑挑选一流人才来做他希望完成的工作并有着足够的自制在他们工作的过程中不指手画脚的人。”

在“格物”标准的指引下，一个领导者需要有全局的眼光和观念，综合协调各方面利益，推动企业这艘大船不断乘风破浪。在不断变化的市场中，成为一名优秀领导者最起码要做到这些：对自己、顾客、员工和竞争对手的状况进行分析，进而决定目前最迫切做的事情；制定符合实际的目标，并将其上升至价值观高度，指引员工和组织；开发和提升人才，这些人才应该是生机勃勃的，勇于创新的，善于团队合作的，领导者不断对他们积极反馈，促进人才快速成长，为公司发展作出贡献；制定以顾客为中心的企业文化，组织系统和激励机制都以顾客需求来建立。

洛德·凯恩尔是纽约麦茨队的内场手，他的球队曾经在一个赛季输掉了一百场比赛。他曾经总结过："棒球比赛就像生活一样。击球员击出的平直球被截住了，而到位开球则变成了安全打，这并不是一场公平的游戏。"

今天的商业活动就像一场体育竞技比赛，永远无法预料它的成败，有时它是不公平的，有时它的结果并不尽如人意，没有人是无冕之王。一个领导者可以做的就是，每天精神饱满走上赛场，用永不消失的热情和对成功的渴望在比赛中做得最好。

人类社会已经进入二十一世纪，工业文明、商业文明高度发达，而精神文明日益衰落，物质文明与精神文明就像天平的两边，做到平衡实属不易，因此对于曾子提出的"致知在格物"、"物格而后知至"的说法，现代人有必要认真思考，关照自我，这涉及心与物的相互关系，目前是心为物扰，但最佳状态应该是治心制物。早在孔子时期，圣人已对这个问题进行了思考，足以给后人深刻启示。《易经·序卦传》上篇说："有天地，然后万物生焉，盈天地之间者，唯万物。”人类不过是天地万物间的一个族类而已。所谓“万物之灵”的封号，不过是人类自封，人与万物本应是一种平等关系。

孔子在《易经·序卦传》下篇对心物做了评证：“有天地，然后有万物。有万物，然后有男女。有男女，然后有夫妇。有夫妇，然后有父子。有父子，然后有君臣。有君臣，然后有上下。有上下，然后礼义有所错。”人类与万物的界限在于人类自己建立了礼仪文化，自己为自己设立各种规矩，人类与万物虽看似不同，但纵观人类发展史可以发现，人和动物一样，在漫长的发展进化中，也是以征服杀戮其他生物来生存的，达尔文的《进化论》就将这一切精辟总结为“物竞天择，适者生存”。虽然如此，但人类与动物的最大不同在于人类有爱心，悲悯其他生物。儒家就曾提出“博爱”、“亲吾亲以及人之亲”。只有从爱出发，爱自己，爱亲人，才可以逐渐扩展至“仁民”、“爱物”，乃至最终“平天下”。

“格物致知”要求的“尽人之性”、“尽物之性”就是这一切的基础，领导者只有具备这种美德，才能在物质世界中保持心性的独立，带领企业及其追随者不断进步，不断提高，不被物质文明引向自我毁灭之路。

第十二章　内外兼修之道

——诚意、正心、修身

如果说前面讲的“格物致知”是内用之学，下面将要涉及的“诚意、正心、修身”即为内外兼修之术。

何为“诚意、正心、修身”？对于每个生命个体来讲，除了自己以外的世界万物都可以称为外物，但如果确切来说的话，其实我们自认为是本体的“自我”也是外物的一种。因为百年之后精神必将脱离肉体而去，我们对这个躯体并无永久使用权。所以，对于这个暂居之所的“身”，我们应该在有限的时间内充分恰当使用它，对它“诚意、正心”，达到“明明德”的功效。

要真正了解修身的内涵，还要触类旁通考察《黄帝内经》的相关论述，通过解读上古时期名医岐伯与黄帝的对话，以及二人问答关于“修身”方面的事项，深入体察修身的真正含义。《黄帝内经》中说：

> 东方生风，风生木，木生酸，酸生肝，肝生筋，筋生心，肝主目。其在天为玄，在人为道，在地为化，化生五味。道生智，

玄生神，神在天为风……在藏为肝，其性为暄。其德为和。其用为动……其政为散……其志为怒，怒伤肝，悲胜怒……苦生心，心生血……其德为显，其用为躁……其政为明……其志为喜，喜伤心，恐胜喜……甘生脾，脾生肉……其德为濡，其用为化……其政为谧……其志为思，思伤脾，怒胜思……辛生肺，肺生皮毛……其德为清，其用为固……其政为劲……其志为忧，忧伤肺，喜胜忧……咸生肾，肾生骨髓……其德为寒，其用为藏……其政为静……其志为恐，恐伤肾，思胜恐……甘胜咸。

心藏神。肺藏魄。肝藏魂。脾藏意。肾藏志。

故曰：知之则强，不知则老，故同出而名异耳。智者察同，愚者察异。愚者不足，智者有余。有余则耳目聪明，身体轻强，老者复壮，壮者益治。是以圣人为无为之事，乐恬澹之能，从欲快志于虚无之守。故寿命无穷与天地终。此圣人之治身也。

如果你缺乏对一些上古哲学基础的了解，那么这段对话看起来很不着边际，但实际上，上古时期哲学基础便是“心物一元”、“天人合一”，认为天地万物都是有生命的，彼此之间是互相联系、相互对照的。如果以此为基础去研究《黄帝内经》，可知《黄帝内经》并非是简单的一本医书，而是涉及了丰富的哲学内涵。

《易经》的乾、坤二卦也可以从人道修养角度来考察，“大哉乾元，万物资始，乃统天。……乾道变化，各正性命，保合太和，乃利贞”。修身的重要性体现在自正其命的“正命”。“诚意”、“正心”与之前提到的可以“明德”的“能知”、“所知”的知性相关，归属于天道和人道的知觉、感觉作用的“觉性”范围。

虽然《大学》中关于知性的概念已经提出一些，比如“知止而后有定”、“物格而后知至”、“此谓知之至也”，但在“八目”中又提出了“诚意”的“意”和“正心”的“心”。“知”与“意”、“心”都是人脑的一种意识作用，究竟有何区别呢？

曾子在《大学》开篇就提到：“大学之道，在明明德，在亲民，在止于至善。”《周易·系辞传》也提到：“一阴一阳之谓道，继之者善也，诚之者性也”、“天地设位而易行乎其中矣。成性存存，道义之门”。在我国传统文化中，道具有统摄天人之际的功用，囊括了世间万物。因此，从对立统一的角度来说，道也具有一阳一阴、一正一反的属性，而在这阴阳的变化中，每个方面都有自身特定功用，并不存在善恶之分，这两方面都是“至善”的。曾子开宗明义旨在表明光辉的一面，从正面来教诲世人。随后的《中庸》一书，思想也一脉相承，“天命之谓性，率性之谓道，修道之谓教”。儒家的一个基本认知便是人性本善，人性后来变恶都是由于后天恶劣环境影响。不断修身的目的即在于洗净污染，使身心回归到“善”的本质。

那么，如何修养才能一直保持“善”呢？就是要充分使用本身自带的“能知之性”，不断反观自身，去恶涤性。这个“知”会一直影响我们的所作所为，控制我们的思想意识，而不断总结的“所知”习气，最终会形成“意”，也就是我们常说的“意识”。“意”是所知之性的投影，是外在的表现。

“意”的一个重要作用就是“念”，对一件事忘不掉，总会想到它。如果“意”的作用特别强烈，可称为“意志”。如果配合生理上的作用，便又叫做“意气”，比如常用的“书生意气”。如果再给这个“意气”附加上某人特定的思想和思考方式，再将其表达出来，就是“意见”了。作为一个普通人，我们大多数行动和想法都是出于一时意气，很少经过严谨周详的“明德”之思。因此，老子便提出：“知人者智，自知者明。”曾子也强调：“知至而后意诚。”

知性对意或意识的影响这里已经做了简略的说明，也可以略微理出头绪了。笼统来说，很多人还是会认为“意”仅仅是一种心理活动，与“心”同义，二者是思想、情绪的总和。但如果仔细区分的话，“意”的范畴不足以涵盖“心”的全部。心，是指一种客观存在的状态，不存在主观的思考活动，没有进行有意识判断，既没有处于睡眠状态，也没有丧失意识，仿佛没有事情，但却确实存在。就如同明朝苍雪大师诗中描述的一样：

> 南台静坐一炉香，终日凝然万虑亡。不是息心除妄想，只缘无事可思量。

这首诗就是说停止紧张的思考活动，达到一种浑然忘我的清静状态，体会不到意识的存在，这便是最接近“心”的状态。如果一个人处于睡眠状态，或者处于昏厥状态，都不是心在作用，因为在梦中是意识在起反面作用，除非有超强意志力的人，觉察自己正在做梦，可以清醒过来恢复“心”的状态。但遗憾的是，大多数人梦醒后都会去回想这个梦，这又是“意识”和“所知”起作用了。

如果将“心”比作一个圆盘，“意”就是盘中的一颗明珠，“知性”是盘子与明珠散发的光彩，即反照自身又映射外物。圆盘与明珠装在人身这个口袋中，控制着口袋的行为动作。《西游记》师徒五人正可以使用这个比喻。“心猿意马”，孙悟空是“心”，白马代表“意气”，贪财好色的猪八戒象征人的欲望，而沙僧则表示没有思想的情绪，跟着孙悟空和唐僧走。唐僧虽然无一技之长，软弱窝囊，但是他坚定的信念体现了整个身心，取经路上步步险阻，唐僧正是凭借一股韧劲，凭借“诚意、正心、修身”的修行，在四位徒弟的帮助守护下，打散沿途妖魔鬼怪，困难面前从来没有退缩，最后取得真经，修成正果。

我们的生命，是由身心共同作用而成的。《易经》中提到，心性属阳，身体属阴，阳中有阴，阴中有阳，二者交替作用，共同影响生命形态。“心意”、“知性”属于内明作用的范畴，必须经由“身”这个载体才能起作用。因此，《大学》十分重视“修身”的功效。曾子在《大学》原文中也提到“自天子以至于庶人，壹是皆以修身为本”。这是因为很多时候，“知性”在理性范围内告诫自己何事该做，何事不该做，但往往会有另一种懒惰、贪图享受的力量阻止去做一些本该成功的事情，于是伤心悔恨，抱怨自己意志力薄弱。

一个人的做事方法、做事的快速准确程度，主要是受情绪控制的。我们常说的“脾气”与“个性”，便是情绪的稳定表现，情绪受生理影响会更大一些。一个人身体健康与否，对情绪的表现形态有着决定性影响。《黄帝内经》关于这方面也有相关表述：

> 五精所并。精气并于心则喜，并于肺则悲，并于肝则忧，并于脾则畏，并于肾则恐。是谓五并，虚而相并者也。

《中庸》中也提到：

> 喜、怒、哀、乐之未发谓之中，发而皆中节谓之和。中也者，天下之大本也。和也者，天下之达道也。致中和，天地位焉，万物育焉。

这里的“喜、怒、哀、乐”便是情绪，归属于修身的范畴。“喜、怒、哀、乐之未发谓之中”，便是情绪不明显的状态，没有动感情，也没有触发意气，但是人是有感情的生物，不可能一直保持这种无动于衷的状态。总是会动感情，会有情绪变化，但是子思认为，只要合理控制情绪，引导情绪向好的方向发展，便可以“发而皆中节谓之和”。

因此，“修身、正心、诚意”并不是要求每个人都清心寡欲，无欲无求，而是提倡将这些情绪合理控制引导，发挥其积极方面的作用，达到和谐的效果。对于领导者来说，便是要求他们进行有效地情绪管理，加强自我道德修养，尤其是诚信品质的修养，保持开放的心胸，从而影响下属的行为，促进组织的发展。

我国古代英明的君王一直懂得“兼听则明，偏听则暗”的道理。一代“贞观之治”的创建者唐太宗就是历史上皇帝善于纳谏、勇于接受相反意见的典型代表。据史书记载：

太宗曾罢朝，怒曰："会杀此田舍汉！"文德后问："谁触忤陛下？"帝曰："岂过魏征，每廷争辱我，使我常不自得。"后退而具朝服立于庭，帝惊曰："皇后何为若是？"对曰："妾闻主圣臣忠。今陛下圣明，故魏征得直言。妾幸备数后宫，安敢不贺？"

太宗得鹞，绝俊异，私自臂之，望见郑公，乃藏于怀。公知之，遂前白事，因语古帝王逸豫，微以讽谏。语久，帝惜鹞且死，而素严敬征，欲尽其言。征语不时尽，鹞死怀中。

太宗谓梁公曰："以铜为镜，可以正衣冠；以古为镜，可以知兴替；以人为镜，可以明得失。朕尝宝此三镜，用防己过。今魏征殂逝，遂亡一镜矣。"

无论是大臣，皇后还是随从，只要他们提出的建议有道理，有利于国家发展，唐太宗都会无条件接纳，哪怕他们提出的意见损害唐太宗本人利益；哪怕纳谏方式过于直接，让古代贵为天子的皇帝面上无光，唐太宗都不会计较，而是虚怀若谷，虚心改正自己的错误，让百官敢于犯颜直谏，指出国家真正存在的危机，人人畅所欲言，把自己当做国家真正的主人，这样才能利于国家长久的稳定和繁荣。

每个领导者都有自己的独特的个性，每种个性无所谓好与坏，但对于一个企业来说，却有优劣之分，需要领导者合理控制自己性格中的不合理部分，学会控制情绪。生活会让人养成一种习惯，习惯是潜移默化形成的，很可能本人都意识不到，习惯也反映着一个人自由度的高层次，我们可以通过改变一些业已形成的习惯让自己更完善。但是习惯并非决定一个人成败的决定因素，习惯下面还掩藏着深层次的性格，性格对一个人的行为方式有着本质的影响，所以要想做一名出色的领导者，在管理、领导他人时合理控制情绪，让情绪向好的方向发现，必须了解自己的性格，虽然难度很大，但应该学着适当改变自己的性格。

性格体现着一个人的理性和真正的意愿想法，具有一定稳定性。通过了解一个人的性格，可以更准确地了解这个人的本质和行为方式，从而了解这个人的领导风格，分析他领导成功或失败的原因。

性格对于一个人来说相当于债权，根据状况不同对企业价值会发生增值或者减值的情况。如果一个人的性格正好与企业价值观契合，就可以为企业带来更多利润，反之，则会发生贬值，使企业资本出现逆流动。下面以惠普公司董事会主席卡莉·S.菲奥莉娜和董事会成员沃尔特·休利特之间关于惠普收购康柏公司时的争论为例，分析性格与企业文化之间配合的密切程度会给企业造成怎样的影响。

2001年9月3日，惠普公司以250亿美元成功收购了康柏公司的股票，成立了新经济体。但是人们对这次并购质疑重重，并将视线锁定在新董事会主席菲奥莉娜身上。菲奥莉娜拥有罗伯特-史密斯学院的企业管理和麻省理工学院自然科学双硕士学位，她的工作经历也十分坎坷，在意大利做过招待员，做过英语教师，美国电信电话公司的销售代表。在美国电信公司经过20年的努力奋斗，1998年成为朗讯190亿美元全球服务供应商总裁。1999年，44岁的菲奥莉娜成为惠普公司首席执行官，她的优势，按照惠普公司董事会的说法是："具有明确思路及战略沟通能力、擅长制定季度财务目标，并给组织带来不断发展的力量以及在整个公司系统推行网络视野的管理技巧。"她有着尝试新事物的勇气。

惠普公司的企业文化则是一种"小店精神"，发展到现在，组织分工不明确，客户群混乱，管理思想比较保守。人才方面，对创新型人才没有吸引力，员工普遍是智商普通对风险尝试没有兴趣比较保守的人，服从惠普家长制作风。惠普公司的继承人休利特就是这种文化的典型代表，他反对这次并购。所以，菲奥莉娜和冲突主要是与休利特二人价值观行为方式的冲突。

休利特认为："我们在这次交易中获得了我们不愿意得到的东西，并将损害我们的既有利益。""会滥用时间和精力、浪费资金、进一步使员工退化，并继续误导消费者。”他还认为这次并购的最大获益者是菲奥莉娜，但是菲奥莉娜实际上退出了主管人员返利项目。休利特的目标在于“维持财务而非创造财富”。他是公司原有价值观的忠诚守护者，不愿意过多地抛头露面，尽量减少商业应酬。奥菲莉娜这样评价休利特：“是个好人，但是他正在要求投资者们放弃惠普公司董事会和管理层的决定，而去接受他的经营判断。我们认为他需要提升自己的企业经营管理经验。”

对于奥菲莉娜来说，家族法定继承人只是为了维护他们的既得利益和保持自己的在公司的应有地位，他们的决策目标是错的，他们固执己见，不愿意冒险和改变现状。而自己年轻，有着出色的表现能力，目标明确，有创新精神和勇气，公司正是需要这样的人来改变公司现状，取得更多的成就。

虽然投资者和董事局支持奥菲莉娜，但是员工们却普遍信任休利特，站在他的一边。在惠普是否收购康柏的最终投票中，菲奥莉娜仅以1.5%的优势获胜，而且她在股东会议上进行讲演时，掌声寥寥无几，其中还夹杂着不满的嘘声。但是休利特的发言赢得了员工们的热烈掌声。

在惠普并购成功半年之后，也就是2002年4月23日，休利特对董事会进行起诉，认为他们贿赂银行投资者，隐瞒篡改财务信息。因为惠普公司发表声明，2003年之前公司会节省资金25亿美元，但是休利特认为这不可能实现，而且将以解雇将近2.5万名员工为代价。奥菲莉娜为代表的董事会对这项起诉迅速做出了回应。首席财务官杰弗瑞·克拉克认为节约的资金将会达到40亿美元，25亿美元只不过是保守的数据。对于贿赂银行，奥菲莉娜表示："我们必须采取一些不拘常规的行动，把这两大巨头拉到我们的阵线。""在短短几天进行了无数讲演和文件展示，向投资者展示并购的好处。不过从来没有不恰当的行为。"

2002年4月30日，法院驳回了休利特的起诉，认为他的相关证据不足以让起诉成立，"记录中没有任何资料显示出惠普公司故意欺骗和误导股东"。

在这次正面冲突之后，休利特声称："自此以后，我将竭尽全力支持惠普公司成功完成并购康柏的计划，并将鼓励过去几个月中和我观点相同的人和我一起努力……我将一直投身于惠普，会继续监测公司的行动，确保公司符合所有股东利益。"

奥菲莉娜虽然如愿以偿并购了康柏公司，对公司进行了改革，在起诉中赢了休利特，但她似乎也丢掉了一些东西。有将近一半的股东仍然反对她，休利特仍在董事会之外时刻监视着她，她的改革成功与否仍是个未知数。

菲奥莉娜和休利特代表了两种不同的性格。休利特是家族法定继承人，一直过着优裕的生活，不会为了生存而努力寻找工作，关注的事情不外提升自己修养，公司的经营策略仅居其次。他们认为公司的任务在于为社会作出贡献而非获得金钱收益，因此，他们宁可保持现状也不愿意冒风险去获得更多金钱财富，因为他们现有的财富已经足够丰衣足食，生活优越。

但是奥菲莉娜来自普通家庭，上升的每一步都是通过自己不懈的努力，她的出身和经历决定了她的性格具有一种开拓性，想要不断冒险不断取得新的进步，实现人生的价值。她的性格固然不错，但是与惠普公司的固有价值观产生了矛盾，因此，与家族继承者必然会产生冲突，也不会获得在传统价值观影响深远的员工们的支持。

很多人认为奥菲莉娜勇于创新改革，让公司在本领域获得领先地位，是仿照1996年克林顿竞选总统的行为；而休利特在失败后马上改变口风，转而支持改革，是学习2000年小布什的竞选策略，并不一定是性格真正改变，因为先天条件形成的性格的改变是一个漫长的过程。两人性格不同，并不能说明哪种性格对企业发展更有利，所以两人代表的利益纷争还将继续，哪种性格代表的价值观更适合惠普公司还不能盖棺定论，让发展的现实给我们作出回答。

对于一个领导者来说，性格虽然很难改变，但是一些良好的个人特质却是任何性格都可以修炼的，比如对他人的信任，从而保持组织团结。信任他人也是诚意的一个基本要求。

苹果公司财务经理吉尔·克莱文兰任职后对自己的首要要求就是“学会信任自己的员工”。“为了成功，我必须学会构建一个团结合作的团队，这要从信任开始。”

吉尔从气氛建设起步，逐渐建立她和员工之间的信任关系。她鼓励员工自由提问，不害怕犯错误，这样他们就会勇于创新，并且积极从失败中吸取教训。“如果不懂得让自己的员工感受到自信，让他们自由地得出结论，这样的领导无法赢得团队的尊重。”

同时，吉尔还充分利用各种途径同团队成员进行及时沟通交流，也为他们提供场所和途径互相交流，直言错误或者对成绩进行鼓励，保证信息及时有效，畅通无阻。吉尔也善于授权，让员工决定哪种方法更适合组织发展，然后自己亲自去实践，因为她认为：“给别人授权的最好方法，就是允许他们创新，探索新思想，开发新的思维方式。我必须放弃控制，让我的员工为他们自己负责。我会给他们提供一些指导，但不会直接干涉，让他们自己经历过成功或者失败，为工作结果或者工作质量负责。”吉尔了解每个人的专长，然后因材制宜，让员工认为自己很重要，从而产生归属感和自豪感。

对于一个领导者来说，与员工建立信任关系前，首先要表现出自己的诚意。领导者是团队中第一个信任其他人的人，如果你首先采取行动表现出对下属的诚意，表现出愿意信任他们，他们也会很快消除对你，对彼此之间的陌生感和怀疑感，从而整个团体会在较短时间内团结一致。对于一个领导者来说，要表现出诚意，需要做出以下几点：

开诚布公介绍自己的信息，比如名字、生日、爱好等；告诉以前曾犯过的错误，并且表示以后会吸取教训，越做越好；向成员收集对自己的意见，包括印象，有何需要改正之处；仔细倾听成员的谈话及意见；信息的及时分享；对作出贡献和成绩者及时表扬和激励；接受他人合理意见并及时作出改正，让意见变成行动；不要在背后议论他人是非；发自内心地表达“我可以信任你”。虽然这种诚意会让员工怀疑你的威信和能力，有一定风险，但是这一步是取得信任必不可少的，是前提。能力和威信力可以在以后的实际工作中逐渐显露。

取得下属信任必须要诚心，要发自内心，要让下属认为他们在你这里是被尊重的，你切实关注他们，保证他们的利益不受侵害，取得进步会及时得到承认，你会保护他们，会一直支持他们，不离不弃。

彼得·沃穆兰是比利时英伟集团在中国天津的高级经理，他的主要职责是在中国建立分公司。彼得从不否认自己要学习的东西还有很多，自身存在很多不足之处，他需要别人为他指出错误，帮助他改正错误，需要别人的支持和鼓励。“我必须努力学习财务、营销、销售谈判和产品物流方面的知识，熟悉一些专业领域。我也需要依靠朋友和商业顾问帮助我建立经营战略，在中国经营伙伴和比利时总部之间搭建桥梁。”彼得同样十分重视授权，估计其他人在决策过程中给予有效的建议和意见。他说：“我和他们分享很多信息，包括一些只有高层才会知道的信息。我信任他们，反过来，他们也和我分享很多信息。相关人员都非常了解我们正在进行的工作。”

信任是一种自发自愿的行为，你不可能迫使其他人信任你。可以设想，一个领导者从来不对其他人敞开心扉，不试图了解下属，二者总是发生误会，下属取得成绩时也没有及时的鼓励，那么，这种领导者很难得到员工的信任，会让自己处于一种不信任的环境中，渐渐下属之间也不会彼此信任，一个彼此之间没有基本信任的团队也很难保证工作效率。所以，一个领导者必须要努力建立一种信任的关系，即使短期内不能实现，但不能放弃，要用自己的诚意打动下属。

当领导者创建了一种信任的氛围之后，不仅自己和员工间都可以享受这种温馨美好的工作环境，而且也有利于工作效率的提高，自己事业的成功。没有值得信赖下属的领导者意味着很多工作都要自己完成，要不断监视下属，要对他们进行严密的控制，久而久之，团队会分崩离析，离自己设定的成功目标也越来越远。

根据对《金融时报》100强公司合作创新方面的调查指出："排名靠前20%的公司和排名垫底20%的公司的第一分辨器就是信任。"优秀的领导者可以将信任产生的力量发挥到最大，从而估计员工创新，将精神力量变成绩效和成果。

心理学调查也显示，信任别人的人会比怀疑别人的人幸福感和快乐感更明显。信任别人的人也会拥有更多朋友，对朋友产生影响力。

一位担任过经理的人说过这样的话："如果我有最终决策权，我一定把那群家伙全部辞掉。简直是一群混蛋。我努力和他们诚实相处，可是他们却不合作。我的每一项提议都被他们枪毙。在解决问题方面他们不愿意向我提供任何思路。"这个经理的下属这样回忆与他共事的日子："坦率地讲，我一直期待着被他解雇。和他一起工作很不舒服，我们彼此相处不能超过10分钟。"调查显示，一个彼此信任度低的团队，65%以上的成员考虑过更换工作。一个没有信任的组织不可能留住人才。

信任是一个精确的工具，可以测量出团队的真实满意度。当领导者努力构建信任环境时，尽管会减弱自己的部分权力，但这也意味着可以获得更多支持和智慧，团队的智慧总是会大于一个人的智慧，会产生更多创新成果。领导者带着诚意去信任员工，鼓励员工，彼此间建立和谐的关系，提升团队的成就感和集体认同感，会带来想象不到的丰厚回报。

第十三章 自净其意可至诚

曾子在《大学》对如何达到“诚意”有下面的论述：

所谓诚其意者，毋自欺也。如恶恶臭，如好好色，此之谓自谦。故君子必慎其独也。

小人闲居为不善，无所不至。见君子而后厌然，掩其不善，而著其善。人之视己，如见其肺肝然，则何益矣。此谓诚于中，形于外。故君子必慎其独也。

曾子曰：“十目所视，十手所指，其严乎！”“富润屋，德润身，心广体胖，故君子必诚其意。”

诗云：“瞻彼淇澳，菉竹猗猗。有斐君子，如切如磋，如琢如磨。瑟兮僴兮！赫兮喧兮！有斐君子，终不可喧兮。”如切如磋者，道学也；如琢如磨者，自修也；瑟兮僴兮者，恂慄也；赫兮喧兮者，威仪也；有斐君子，终不可喧兮者，道盛德至善，民之不能忘也。

诗云：“于戏！前王不忘。”君子贤其贤而亲其亲，小人乐其乐而利其利，此以没世不忘也。

康诰曰：“克明德。”大甲曰：“顾諟天之明命。”帝典曰：“克明峻德。”皆自明也。

汤之盘铭曰：“苟日新，日日新，又日新。”康诰曰：“作新民。”诗云：“周虽旧邦，其命惟新。”是故君子无所不用其极。

诗云：“邦畿千里，惟民所止。”诗云：“缗蛮黄鸟，止于丘隅。”子曰：“于止，知其所止，可以人而不如鸟乎？”诗云：“穆穆文王，于缉熙敬止。”为人君，止于仁；为人臣，止于敬；为人子，止于孝；为人父，止于慈；与国人交，止于信。子曰：“听讼，吾犹人也。必也使无讼乎！”无情者，不得尽其辞。大畏民志，此谓知本。

何谓“诚意”？“所谓诚其意者，毋自欺也。如恶恶臭，如好好色，此之谓自谦。故君子必慎其独也。”这句话包含四个关键词：自欺、好恶、自谦、慎独。

避开“自欺”、“好恶”、“自谦”、“慎独”

曾子说：“诚意，毋自欺也。”也就是不可以自己欺骗自己。很多时候，人先自欺，然后才会去欺人，最终导致被人欺。所以必须先自爱，才能爱人，进而被人爱。意识，是“心”在起积极作用的成果，它转变快速，不停起伏跳跃，经常自我夸奖自我认同，不断产生出各种各样稀奇古怪的想法，但是，这些往往转瞬即逝，很难把握。

“意识”的后果要由“知性”判断，“知性”在理性支配下将种种情绪分门别类，重新又送还给“心”。所以，要想让“意识”真正达到明净状态，必须要学会“内明”反思的学问，不断注意它的动向，确保它“知止而后有定，定而后能静，静而后能安，安而后能虑”，最后至于“诚意”。这个“诚”不是“诚实”之意，而是明净、专心、定心之意。子思在《中庸》中也说道：“自诚明，谓之性。自明诚，谓之教。诚则明矣，明则诚矣。”这便是“内明之学”的本质。

在外用方面，孔子有这样的教诲：“毋意，毋必，毋固，毋我。”不要凭一时意气冲动行事，不要偏执，不要认为事情必定如此，应该学会灵活，不要以自我为中心。这些可算是保持意识清醒，不再自欺。据传说，达摩大师刚来到中原时，有人问他来中国是为了什么。达摩大师回答道：“我要寻找一个不被人欺的人。”

关于好恶，曾子是这样说的，“如恶恶臭，如好好色”。也就是说人们的基本审美意识都是一致的，都会本能地嫌恶讨厌的东西，喜爱美好的事物。因此，曾子接下来说道：“此谓自谦也。”当你知道“意识”的非理性特征，经常会烦扰内心清静，你必然会尽力控制它，保持思维的平稳，不再自高自大，不再妄自菲薄，会有一个谦虚的心态。因为自己只是普通一份子，与常人没有太大分别。

了解“自欺”、“好恶”、“自谦”的含义，下面要来探究含义最复杂的“慎独”了。“慎独”即是一个人独处时，小心谨慎，不可放松对自己的要求，做坏事。这里可借用佛家用语来说明：“诸恶莫作，众善奉行。自净其意，是诸佛教。”一个人，在思维清楚时可以做到尽善尽美的状态已经很不错了，如果可以达到更高一层境界，在梦中仍然让思维明净，不受无意识、潜意识等现实幻影的影响，甚至可以自如控制梦境，抵挡不良情绪，这可算是真正实现“诚意”、“慎独”、“毋自欺”的状态。

很多领导者在引领团队向前走的时候都会出现迷失自我的情况，这可以说是领导者成长过程中必然要承担的风险。具有戏剧性的是，迷失自我的领导者很多是取得卓越成就的甚至被认为是伟大的领导者。他们本应该在已取得的成就基础上加一把劲到达顶峰，但是，由于种种令人遗憾的原因，滑出既定路线，掉入泥潭难以自拔，而这个泥潭恰恰是之前成就的副产品。一个领导者被外界夸奖最多，被授予的荣誉称号越大越灿烂之时，也就是他们最容易被明亮光环照花眼睛、迷失自我的时候。或者为了一己之私，凭借权力做一些不道德的事情；或者自高自大，不再听从其他人的合理意见；或者故步自封，满足于既有成就置团队、组织发展于不顾。

因此，一个领导者要时刻保持警惕、清醒的状态，对自己取得的成就有明确认识，知道哪些是凭借自己的能力取得的，哪些是由团队成员支持共同完成的。虽然取得的成就获益最大的是领导者，但是，领导者应该谦虚谨慎，时刻保持客观的认知，独处时仍能严守道德底线。

关于“慎独”，《后汉书》记载着这样一个故事：

杨震，字伯起，弘农华阴人也。震少好学，明经博览，无不穷究。诸儒为之语曰：“关西孔子杨伯起。”大将军邓骘闻其贤而辟之，举茂才，四迁荆州刺史、东莱太守。当之郡，道经昌邑，故所举荆州茂才王密为昌邑令，谒见，至夜怀金十斤以遗震。震曰："故人知君，君不知故人，何也？"密曰："暮夜无知者。"震曰："天知，神知，我知，子知。何谓无知！"密愧而出。后转涿郡太守。性公廉，不受私谒。子孙常蔬食步行，故旧长者或欲令为开产业，震不肯，曰："使后世称为清白吏子孙，以此遗之，不亦厚乎！"

这个就是著名的"四知"的故事：杨震德才兼备，远有贤名，被大将军邓骘举荐为"茂才"。杨震在官场中升级四次，官至荆州刺史、东莱太守。他赴任时，经由昌邑，杨震曾经举荐为茂才的王密在昌邑县做县令，谒见杨震，并于夜里偷偷藏着十斤黄金想送给杨震。杨震说："我知道你的为人，你却不知我的为人，什么原因呢？"王密说："现在夜深人静，没有人会知晓这件事的。"杨震说："天知，神知，我知，子知。怎么能说没有人知道呢！”王密闻言惭愧地告退。后来杨震为人公正清廉，从来没有接受过私下赠送的礼物，生活清贫，子孙食菜步行。曾经有长辈劝让他为子孙经办一份产业，杨震不肯，说：“我给他们留下‘清白官吏的子孙’的名号，这份财产不是更丰厚吗！”此谓“君子慎独也”。

像杨震这样不受金钱诱惑一直保持清白固然不错。但是，很多领导者都会不小心犯错误，迷失自我，这时就更需要一种坚强的意志和清醒的意识让自己重返正常的人生轨道。

凯文·夏尔是安进主席兼CEO，可以说是当代美国最成功的商业领导者之一，他的职业生涯也并非一帆风顺，其实，他也曾在1989年陷入低谷。之前他一直在通用电气公司工作，并且取得了一定的成就，这时的他特别自得，因为自己可以胜任任何领导工作，并且获得职业生涯的成功，渴望获得一个机会帮助他登上职业的顶峰。所以，他在通用电气辞职，转而加入了另一家电信公司MCI，换了新工作的凯文认为，自己一定可以在两年内担任公司最高领导。

凯文年轻时被核潜艇项目录取，在水下作为核潜艇首期工程师工作了5年的时间。退役后，凯文进入麦肯锡公司工作，后来又得到通用电气公司工作机会，作为韦尔奇的助理。通用电气韦尔奇助理的工作让他学会了如何做好一名领导者的经验。40岁时，他升至公司前一百名的执行官，负责公司的卫星业务。当时的凯文野心勃勃，对成功充满了热情。所以当MCI招聘销售和营销主管的时候，他立刻跳槽，希望经由这个平台达到事业顶峰。

在进入MCI之前，公司副主席承诺道：“每个人都可以成为公司CEO。”但是工作后，凯文发现事实并非如此。公司的首席运营官觊觎CEO很久了，正准备上任，不会让凯文这个新人横插一把阻碍自己前进的。尽管如此，凯文还是着手进行公司内部改革，希望可以凭己之力帮助公司业务更上一层楼。“我当时正处于最自大的状态，我向主席建议重新调整公司销售部门。但是这个建议直接威胁到了公司资深执行官们的利益。”而且作为新人，凯文发现自己根本没有实权。

事后凯文回忆道：“MCI是我人生中的一个低谷，我知道我要为我的自大付出代价了。”凯文发现自己的价值观领导风格与MCI并不吻合，因为MCI的企业文化崇尚激烈竞争。“公司的内部竞争已经达到了卑鄙无耻的地步，简直让人窒息。我的工作效率越来越低，对公司的忠诚度也越来越低。当你的价值观和周围不一致的时候，就是你应该离开的时候。”

于是，凯文给韦尔奇打了电话，希望重返通用电气。但是韦尔奇对他当初不告而别很不满，因为通用电气为他的成长提供了大量资源和帮助，于是韦尔奇略带讽刺回应道：“夏尔，你忘了你曾经在这家公司工作过吧。”凯文明白自己已经没有退路，“我被扔进一艘独木舟，要独自漂泊了”。虽然凯文自己无法忍受公司的这种氛围，但是有了通用电气的前车之鉴，他不可能扔下手头工作立刻走人。“对我来说，那两年是一段刻骨铭心的时光。我不是一个好的斗士，我开始失控。在最初，我极力拒绝承认这种状态，但是我一败涂地。”

这次经历让凯文发热的头脑清醒下来，开始进行自我分析自我控制。了解到除了事业上的不断攀升，人生中还有很多应该值得珍视的东西。一直自视甚高的凯文学着摆低姿态，正视现实。

加入MCI两年后，凯文自荐为安进公司的总裁，和公司CEO高登·宾德尔一起工作。凯文在安进公司很谦虚，因为安进公司从事的是生物技术行业，而他基本对此一无所知。凯文默默跟从在宾德尔身后工作学习了7年，终于在宾德尔退休的前一年被任命为公司CEO。在担任CEO后，凯文深入基层学习了解研发过程，并逐个与公司前150名执行官进行谈话，向他们了解公司需要改进之处，个人对公司的看法，这样，凯文逐渐对公司的上下两个层面的情况都有了一定了解。

现在的安进公司已经逐渐发展壮大，每年收入增长率都超过25%，从只生产两种药品的小公司发展到以创新为企业文化的大型企业。凯文通过自己的努力收获很多。他说：“在MCI的那段经历也并非坏事，它充实了我的经历，我知道在一家真正充满竞争力的公司可以做什么，对进取精神和创新也有了进一步了解。”

凯文认为，只有真正喜爱自己的工作，才会在工作中迸发出热情，从而达到事业的顶峰，发挥自己的最大能量。

一次失败并不可怕，陷入低谷也没必要一蹶不振，关键是善于从失败中汲取经验教训，发现自身存在的不足，从自己身上找到原因，不断改进，拨正指针，让自己慢慢回到正常轨道。相信命运不会亏待每一个真诚的领导者。

“诚于中，形于外”

曾子在“慎独”之前还有这样的论述：“小人闲居为不善，无所不至。见君子而后厌然，掩其不善，而著其善。人之视己，如见其肺肝然，则何益矣。此谓诚于中，形于外。”这就是说当一些人无事可做的时候，会心神不宁，从而做出一些不善的事情，但是当他们看见君子时，会对自己的所作所为感到惭愧，“掩其不善”，试图做一些事来遮掉污点，但这只是一种自欺，谁也不笨，做的坏事自认为神不知鬼不觉，实际上很容易被发现。只有发自内心的明净坦诚，才会在外人面前真正表现出“诚意”。

曾子接下来说道：“十目所视，十手所指，其严乎！”人是社会性动物，所作所为，一举一动都会被外人知晓，所以应该时刻注意自己的为人处世，不要以为没人看到就是没人知道了，外界环境时刻存在着，会监视着你的举动，发挥着作用。如果对于一个人自身来说，关键还是要从自我品德提升做起，“富润屋，德润身”，好的品德就像财富一样，可以由内而外散发道德光辉。

虽然大家都知道应该提升自我道德修养，但要实施起来还是存在一定难度，道德修养的建立要从日常小事、日常行为做起，才能逐渐登堂入室。卫武公便是一个典型的例子。卫武公的王位并非正常途径得来的，而是杀兄篡位。不过，他逐渐认知到年少时的鲁莽与罪恶，不断加强自我道德修养，善于纳谏，礼贤下士，后来又拥护周王，带兵击退戎狄，入周朝为官。卫武公以高尚的品德，以功业得到了朝廷的重用，成为百官敬服的名臣。

为了详细说明如何达到“诚意”、“毋自欺”的境界，曾子又用了《尚书》中三篇文章中的三句话来做具体说明。第一句是“克明德”。这句话来自《周书·康诰》，是周成王讨伐管叔、代叔后，封康叔来治理殷商遗民时所说。第二句话是“顾諟天之明命”。这句话出自《商书·太甲》，记载了伊尹将太甲流放至桐，太甲在流放过程中不断修养，实现自我完善，于是后来又被伊尹接回复位。这句话的原意是教诲太甲应该反思父亲的成功，只有不断提升自我道德才能让皇位持续下去。第三句“克明峻德”，是《虞书·尧典》记载尧帝的品德。尧帝可以自我约束，达到道德最高境界。

曾子对这三句话的总结同样耐人寻味：“是故君子无所不用其极。”这个“无所不用其极”是褒义词，与现在常用的含义出入很大。指的是“君子时刻都在自我反省，不断改正错误，让自己道德水平臻于至境”，是一种彻底地改头换面，自净其意。一代君王，就是要根据百姓需要及时改革，让政策真正服务于民，让人民生活可以真正富裕满足。而一个企业领导者，就是要及时反省自身，让做出的决策惠及员工。我国殷商时期的周文王便是道德水平至高无上的一个典范。文王自己被囚禁于朝歌，忍受纣王的虐待，但一直恪守君王之道，忍辱负重，保证了属地百姓生活的平安。“穆穆文王，于缉熙敬止。”“为人君，止于仁；为人臣，止于敬；与国人交，止于信。”这是“诚意”的真正要求，作为一位领导者，要对下属抱有仁爱之心，与别人交往时应有诚信之意。

对“诚意”的解说已经接近尾声，曾子也在最后总结道：“此谓知本。”“诚意”是内外兼修的重要修养，但“知止”在其间也发挥着重要作用。孔子在《易经》乾卦的“文言”中说道：“亢之为言也，知进而不知退，知存而不知亡，知得而不知丧，其唯圣人乎！知进退存亡而不失其正者，其唯圣人乎！”世间之人，无论是平民百姓，还是掌握国家兴衰的领导者，想要立己利人，必须学会适可而止，如果不了解“进退存亡而不失其正者”的“诚意”、“知止”，只知道急躁冒进，而不停下来及时反观自身，悬崖勒马，后果一定不堪设想。因此，要善于把握这个进退之间的维度，才能以退为进，不断进步。

对于一个领导者来说，拥有高尚的品德会成为一种资本，帮助自己的组织获得不断的成功，取得更多收益。这种道德更加关注内心的力量，不会支持领导者为了取得目标而做出违反社会标准的事情。拥有道德资本的领导者会组织制定合理的发展目标，循序渐进，不会急躁也不会保守，他们往往拥有诚实、善良、可信赖这些道德资本，从而帮助组织获得更多的商业资本。

安然公司就是领导者缺乏道德资本而破产的一个典型例子。自1995年起，安然公司连续六年被评为“美国最具创新力公司”；2000年，净收入达到创纪录的13亿美元；《财富》500强中排名第七；2001年，董事会被评为美国最佳董事会第三名。但是事情来得仿佛没有预兆，2001年12月3日，安然申请进入破产程序，成为美国历史上最大的破产企业。经调查，安然居然负债312亿美元，被起诉进行财务欺诈、内幕交易等其他违法行为。

安然的破产与几位利用手中职权进行非法贸易的领导者息息相关。法斯托是安然公司的高级财务副总裁，他利用法律的空子，建立了大量的松散型实体，为了处理账目，在资产负债表中掩盖损失和成本。他还利用工作机会组建各种子公司，从中为自己中饱私囊，他创建了LJM Cayman公司与LJM合作投资公司的合资公司，收入了3000万美元；通过Southampton Place公司，他又收入450万美元，他还通过出售安然的股票期权，得到了2300万美元。法斯托的财务专业水平值得夸耀，但是他没有将这些能力用在为公司谋得更多利润，而是挖空公司，钻管理和法律的空子为自己的获得大量私利，最终挖空了公司，使公司出现了公众信任危机。

2001年8月公司董事会主席肯尼斯·L.莱依上任，之前的首席执行官斯克林由于个人原因，动用个人的权力，出卖公司利益，为自己谋求金钱利益。尽管莱依知道斯克林已经给公司造成了很大损失，但是他却试图掩盖掉这个事实。而且在公司即将崩盘前卖掉了自己4000万美元的股份，获得了2100万美元。莱依一直对公众和员工粉饰太平，让他们相信安然公司一切运行正常。直到最后安然宣布破产，他也推卸自己的责任，他对外宣布，他基本了解事情的发展进程，但是，他已经将一些关键性的问题交给下属处理，他并不了解其中的细节。2002年2月10日，他行使拒绝自证其罪的权利，拒绝在国会作证，试图做最后的挣扎。

安然公司的审计方——安达信公司也对安然公司的破产有着不可推卸的责任。安达信公司同样也逐渐丧失了信用，因为他们的标准太宽松，不利于公正客观审计。安达信负责安然公司的首席审计师叫邓肯。尽管2001年邓肯已经收到警告，安然公司有内幕交易，安达信公司的其他审计师也建议将安然从本公司客户名单中除去，但是邓肯却坚持为安然进行审计。但是当安然出事后，邓肯接到律师通知的第一个举动就是毁掉了对安然审计的那些票据，破坏证据，并且在法庭上拒不回答国会问题。所以，一直没有人知道安达信的CEO对邓肯的所作所为知晓多少，因为如果审计方在审计过程中做到公正的话，一个公司的倒台并不会影响将他的数据提交，也不会给本公司带来毁灭性的影响。

造成安然公司一步步走向毁灭的这四个人尽管拥有高学历、高智商、高职位，每个人有着充足的收入和很好的社会地位和影响力，如果事情没有爆发，他们几乎可以称得上是卓越的领导者。但是经由这些事可以发现，尽管他们做事能力突出，但是他们自身道德修养严重不足，没有诚信，自高自大，自私，为了个人金钱利益不惜牺牲公司的整体价值，这样的领导者即使个人素质再高也不可能领导公司走向辉煌，他们会像蛀虫一样不断吸收公司营养，最终掏空公司。

所以，一个领导者关键是要诚于中，形于外，只有真正具有人格力量，用德润身，才能让自己立于不败之地，用人格力量影响他人，为企业带来真正的财富和资本。

第十四章 修身与正心

所谓修身，在正其心者，身有所忿懥，则不得其正。有所恐惧，则不得其正。有所好乐，则不得其正。有所忧患，则不得其正。心不在焉，视而不见，听而不闻，食而不知其味。此谓修身在正其心。

《大学》对修身与正心的关系是这样论述的，之前讲的“八目”三个方面：“格物”、“致知”、“诚意”都是精神方面的修养，与心理意识相关，但一个完整的人是由两部分组成的——身和心，这两部分紧密联系，互相依存，缺一不可。每天，我们的思想、心都在紧锣密鼓地转动，但是心是看不见、摸不着的，就像子思在《中庸》中说的“百姓日用而不知”。所以，要想真正明晰心究竟在想什么，为什么这么想，怎样控制心，从“大学之道”方面来进行的话，就一定要从“知性”起步，逐渐过渡到“静、安、虑”，最后而“得”。

但是由于身心结合过于紧密，很多人只关注实体存在的“身”，认为只要身存就万事大吉，但事实并非如此，“身”不过是生存所依附的场所，相当于生命中机械性的机器，形成与存在具有不确定性和偶然性，时间和空间都会对其形成限制，“身”不过是生命阶段的一个载体，“身”并非完整的一个人，不能够涵盖一个完整的生命体。

曾子在《大学》中是以“心”为生命主体的，“身”是“心”的附属品，因此，他最后总结道：“此谓修身在正其心。”但是，“身”虽然是“心”的附属，但是在客观存在的表现上，人们所有思想意识、行为方式的体现却要完全经由“身”。因此，曾子在“八目”中也将“修身”放入其中，并归纳出与身心相关的“忿懥”、“恐惧”、“好乐”、“忧患”这四种现象，而这四种现象又与子思《中庸》里提到的“喜、怒、哀、乐”四种情绪相呼应，如果寻根探源的话，它们其实来自《礼记》中“七情”，曾子将他们重新定义分类，划分为“忿懥”、“恐惧”、“好乐”、“忧患”这四种现象。

每个人的表情、动作、语言和对人的态度等因素综合在一起才可以构成一个人的真正行为，这些行为是由“身”来控制的，而且行为中总会有一些情绪因素，如“喜、怒、哀、乐”，所以，要想真正认知一个人，都要从他的外在表现来观察推断，这个人是易怒还是随和，是乐观还是抑郁，是好动还是安静，都可以从他的一言一行中了解到。正是“身”在运行中展现的状态不同，发出各异的信号，形成了我们日常所见的形形色色的人，只不过我们会说这个人不同，有何特色，而不会说这个人“身”不同，“人”也便成了“身”的代称。

《大学》对“身心”的表现和作用有着严格的区分，如“喜、怒、哀、乐”等情绪是由“身”来表现的，具体的行为方式也是归属于“身”的。因此要想纠正这些情绪行为，自我修身，需要从“心”

来入手。“修身”的关键在于“正心”，而非外表形体的美丽。

庄子在《德充符》一篇中也有相关论述，在这篇文章中，庄子塑造了几个身体有缺陷但是品德高尚的人，其中有一个人没有脚趾，被人称作“叔山无趾”，他与孔子有这样一段对话，孔子问他：“子不谨，前既犯患是矣。虽今来，何及已！”（你以前犯罪而得刑罚导致脚趾被砍掉了。现在你才来见我，还有什么用呢？）无趾回答道：“吾唯不知务，轻用吾身，吾是以亡足。今吾来也，犹有尊足者存，吾是以务全之也。夫天无不覆，地无不载，吾以夫子为天地，安知夫子之犹若是也。”（因为我以前不知道爱惜自己的身体把自己的脚趾弄掉了。今天我来拜见您，是因为我有比脚趾更重要的东西，也就是道德在。之前听说您像天地一样伟大，没想到您也同世人一样浅薄。）孔子听后深受启发：“丘则陋矣！夫子胡不入乎，请讲以所闻。”（孔子便要求无趾讲一讲他的事情。）无趾出。孔子曰：“弟子勉之！夫无趾，兀者也，犹务学以复补前行之恶，而况全德之人乎！”（诸位弟子努力啊。无趾是没有脚趾的人，尚能努力学习提升自我修正以前行为中的过错，更何况你们这些道德完美的人呢！）

文章中还提到了一位长得特别奇怪的人，叫“闉趾支离无脤”，驼背身上长有大瘤。但是卫灵公回见他，与他交谈后，受益匪浅，完全忘记了他身体上的缺陷，对他非常敬佩，认为他是一个非常完美的“全人”。

庄子在文章最后总结道：“有人之形，无人之情。有人之形，故群于人。无人之情，故是非不得于其身。眇乎小哉！所以属于人也！謷乎大哉！独成其天！”有了人的形体，但是没有人常有的主观上的性情，不涉人世是非。有了人的形体，因此可以在人群中生存。没有主观上的偏见，因此不会招惹人世是非。拥有渺小细微的感情，只能是一个普通人；而只有拥有伟大的感情和意识，才可以成为与天同体的圣人。

孟子对身与心的关系也有相似的论述：“人之有德、慧、术、知者，恒存乎疢疾。独孤臣孽子，其操心也危，其虑患也深，故达。”只有常生存在危难祸患疾病中的人，才可能不断自我超越，拥有美好品德和超人智慧。很多名留青史的人，正是因为他们不断为即将到来的危险操心，常常陷入对未知隐藏事情的忧虑中，因为他们最终会显达。

因此，“修身在正其心”。真正美好的品德在心中，而非体现在外形上。那么，何为“心”？如何“正心”？曾子云：“心不在焉，视而不见，听而不闻，食而不知其味，此谓修身在正其心。”换个角度来说，视而见，听而闻，食而知味都是心在起作用，属于意识范围。在这里，意识和脑基本上起的是相同的作用，在我国传统文化中提及的“心”范围要大得多，囊括了一个人的大脑、四肢、五脏六腑乃至所有细胞及其它们的反应；头脑中的思维、意识和意念产生的“见、闻、知”作用，也是心“能知”、“所知”的功能。在传统文化中，心实际上是一个符号，不只是大脑的意识，还包括生理反应，是精神和生理反应共同作用的结果，是“心物一元”的代称。

佛家对这个心也有比较深刻的表达，唐朝禅师说过：“心即是佛，佛即是心。”“不是心，不是佛，不是物。”六祖慧能的偈语“菩提本无树，明镜亦非台。本来无一物，何处惹尘埃”便是世人推崇的明心彻悟名作。了解文化中关于心的论述后，我们可以掌握《大学》中的“正心”、“心”的具体位置了。“正心”与“明明德”，与“知、止、定、静、安、虑、得”，与“格物、致知”都是一脉相承、贯穿始终、彼此照应的。

现在可以说明曾子为何认为“修身在正其心”了。在《大学》中修身体现了两个道理：一是认为身体是表达内在思想情绪的载体，二是我们研究的是内在情绪“喜、怒、哀、乐”，“忿懥（容易发怒暴躁）、恐惧（常怀害怕之情）、好乐（过于轻浮）、忧患（经常忧伤多思虑）”需要时常纠正的学问，而非修正外貌让自己好看的美容师的技巧。也不是当我们身体发生偏斜，“心”想让它自立它就会自立、正起来，还需要一种自我修炼。

老子说过：“故贵以身为天下，若可寄天下；爱以身为天下，若可托天下。”“后其身而身先，外其身而身存。”就是说只有把身的重要性放在末位，不时刻记挂着，不要为它所累，专心去救济天下，这样才能真正达到“修身”效果。

对于领导者也是一样，如果你想让自己行为得体，有领袖气质，必须从正其心做起，端正态度，以德服人，磨炼自己的品行，这样才能由内而外散发魅力，吸引更多追随者。

星巴克的创始人霍华德·舒尔茨就是一位出身贫寒，凭借自己的努力和人格魅力不断取得进步的卓越领导者。舒尔茨出生在纽约布鲁克林区的一个廉租房内。他还清楚地记得，1961年冬天，他正和小伙伴打雪仗时，妈妈忽然在七楼房间窗户探头对他大声喊道：“霍华德，快进来，爸爸出事了。”之后的经历改变了他的一生。

当他进入房间时，惊奇地发现爸爸一条腿上满是白色绷带躺在沙发上。父亲在工作时不小心踩到一个冰块摔伤了脚踝，这样父亲失去了卡车司机的工作，全家失去了保障。因为当时福利还不健全，没有工伤保险，母亲又怀孕7个月不可能出去找工作，当时家里愁云惨淡，整日笼罩在绝望中。很多次，当孩子睡觉以后，舒尔茨都会听到父母在悄悄讨论应该去找谁去借多少钱。从那之后，每次家里电话铃响，舒尔茨都会被妈妈叫去接电话，如果是债主的话，就告诉他们父母不在。这个经历给舒尔茨造成了深刻的影响。

当时舒尔茨就决定，以后一定要创办这样一家公司，可以为雇员提供完善的医疗福利，为每位员工提供可以保障基本生活的工资，改变目前不合理的一切。舒尔茨坎坷的生活经历让他成立了星巴克，成为一家员工14万名，业务遍及全球，拥有11万家分店的最好的咖啡公司。舒尔茨在星巴克实践着自己童年的决定：只要在星巴克每周工作20小时以上，那你就可以享受医疗保险，这一政策在美国首开先例。“这一决定完全来自于我童年的经历，我的父亲先后做过30份蓝领工作，但是最终由于一次意外事故失去了工作。在他工作的公司，如果你没有受过教育，你没有任何机会。”舒尔茨回忆道。

同时，舒尔茨也感激童年经历的一切。“那件事情直接影响了星巴克今天的企业文化和价值观。我想要创办一家我父亲当年没有遇到的公司，在这家公司，每个人都会得到尊重与重视。不管你来自哪里，你受教育的程度如何，你的皮肤是什么颜色。为所有员工提供医疗保险从根本上提高了星巴克的品牌价值，让员工对公司形成了强烈的信任感。我们的目标就是建立一家能够将股东价值跟员工价值直接相连的公司。”

尽管舒尔茨认为这段经历对他日后的成功是一笔不小的财富，也不会刻意对其他人隐瞒，但是不可否认，这段经历对他的人生也带来了负面影响。他第一次带女儿回到小时候住的房子时，女儿惊讶地说：“你可以长成正常人真的是很让人惊讶。”这段经历带来的宝贵财富就是，舒尔茨可以和所有人建立良好关系。布鲁克林的童年经历已经在他的生活中留下抹不去的痕迹。他有轻微的布鲁克林口音，喜欢穿牛仔裤，经常回到附近的小饭店吃意大利饭。“我的身边都是一些吃了上顿儿没下顿儿的人，他们穷于应付各种账单，总是感到生活没有希望，永远没有机会休息，这些经历我永远不会忘记，我不会被财富迷惑。”

回忆童年时，舒尔茨很惭愧自己当时总是觉得父亲是个失败者，没有为家庭尽到应有的责任，认为父亲本可以做到更好。“我的动力部分来自对失败的恐惧，我太了解失败的可怕了。”舒尔茨说自己最难过的时候就是父亲去世那天。当他与朋友谈到对自己父亲的误解时，朋友说：“如果你的父亲成功了，恐怕你不可能像现在这样充满对成功的渴望了。”

在父亲走了之后，舒尔茨开始认真思考父亲经历的一生，逐渐改变了对父亲的看法。父亲其实是一个很好的人：真诚、努力工作、吃苦耐劳、对家庭每个成员都很关心。父亲的不得志实际上是组织和法律制度造成的，“他的工作从来没有为他提供与他的辛苦相应的报酬，更别提尊重和成就感了”。

舒尔茨把这种思考融入他的工作目标中，不断鼓励自己：要创办这样一家公司，让与父亲情况相似的人对工作感到自豪与满足，并可以从工作中获得充分的报酬。星巴克公司为所有员工提供股票期权，每个员工的工资都超过最低工资标准，福利丰厚。这些待遇为公司留下并吸引了相同价值观的人才，星巴克的人才流失率是其他相似类型公司的一半。

舒尔茨是个勤劳的老板，同时亲近员工。他每周去20家以上的销售点实地考察，每天5点起床，打电话与全球的员工沟通联系。“星巴克是一家以人为本的公司，我们做的一切都是以人性为基础。我们的核心竞争力就是我们的企业文化与价值观。我们与员工及时进行沟通，以诚相待。咖啡是沟通全球各种肤色、各种语言的催化剂。在这里，人人是平等的，只要你有足够的能力，在这里都可以得到充分发挥。”

舒尔茨以人为本、真诚的领导方式在星巴克得到了完整的展现，星巴克为他提供了一张“可以任意挥洒的画布”。

美国收益增长率最快的富国银行主席兼CEO迪克·科瓦塞维奇与舒尔茨有相似的人生经历。科瓦塞维奇是工人家庭出身，因此他的交际面也相对比较广泛，既有高修养高教育水平的人，也有没受过多少教育，生活清贫的工人、零售商人。在他的记忆中，他认识的那些工人，尽管做着不同的工作，有伐木工，有农场工，有锯木工，但是他们都能干勤快，很聪明，很善良，爱帮助人。他们没有步入上层社会只因没有机会接受高等教育。所以这些工人都鼓励科瓦塞维奇努力读书，争取考上大学，给这些工人们争气。

除了生活经历对他的成功有影响之外。他喜爱的橄榄球和垒球运动也对他帮助甚大。他打球的历史要从4岁开始，基本上每天都会用几个小时练习。在中学时，他担任垒球队的队长和橄榄球队的四分卫。在运动中，他发现团结一致是取得成功的最关键因素，“一群人精诚合作的力量远远大于个人单打独斗力量之和”。他这样分析球员与领导者之间的相关性：“如果所有球员都想当四分卫，那你的球队一定会输，因为人们总是会高估四分卫的作用。人们也会过于看重CEO的力量。实际上，如果没有优秀的前锋、接球手和跑阵，四分卫的作用也不可能充分发挥。对于一支优秀团队来说，队员们的多样化和技能的互补非常重要。我们需要客观认识自己的不足，从而寻找可以和自己互补的队友，用他们的优势来弥补不足，而不需要同样技能人的堆积，那样是浪费人才。”

迪克·科瓦塞维奇在花旗银行、西北银行和富国银行工作过，在工作过程中，他始终贯彻着自己的领悟，他并不看重这个人的出身，而是看重能力，聘用各种类型的人才负责不同的事务，充分发挥个人的优势。童年时期的经历让他更加了解低收入阶层的需求，因此他致力于将富国银行打造成社区中服务态度最好的银行，为客户提供切实可行的建议。富国银行在他的领导下，积聚了大批才华横溢，有着较强责任感的人才，为富国银行的最快收益增长率做着贡献。

同样，如果一名领导者过于自负自大，不懂得修身养性，不正其心，这样很容易步入歧途，迷失自己的真正方向。根据总结，迷失自我的领导者大概可以分为五种类型。看看你是否已经在这五种之列，如果真的在里面的话，请及时改正，返回正确轨道吧。

第一种是为得到权力地位不择手段者。这种人有着很高的智商和情商，他们为了爬到权力顶峰会使用浑身解数，甚至不惜触犯道德底线，也不会让其他人在前面挡路。这种人基本上不会自我反省，比较自恋，也不会听从别人为他提出的合理建议。

亚伯拉罕·林肯曾经一针见血指出："如果你想考验一个人的品行，那就给他绝对的权力。"一旦得到权力，这些人会手足无措，不知道怎么使用，担心别人随时会从手中抢走它，于是他们开始为自己设定潜在的竞争者，不断进行内部争斗，排挤身边的一切潜在敌人。所以，一些敢言的人在这种打压下，很快缄口不言，或者另谋出路，组织很快陷入一种死气沉沉的局面。

第二种是推卸责任的人。这些人往往口才很好，组织出现事故时，他们会在第一时间洗清自己身上的嫌疑，把责任推得一干二净，让局外人以为这件事与他们毫不相干。有时候这种策略会有助于他们的晋升，但是当他们在组织中地位升高，他们自身能力不足的问题也逐渐显现。他们会将工作内容推给下属，或者减少在科研、企业方面的长远计划，以求得短期目标的达成。显然，这些都是掩耳盗铃的做法，不可能长久，这样，他们进而会采用一些作假的手段，比如在报表中弄虚作假等。这样整个组织就在这种无止境的虚假繁荣中堕落下去，等出现问题时已经积重难返，很难挽救了。

第三种是名利追逐者。这类人最关注的事情就是外界的赞誉、金钱和权力的大小。在他们眼里，获得“最有价值领导者”的称号，比为组织谋得实际利益更重要。他们对名利有一种狂热，但是这种攀比是无止境的，因为总是会有人比自己更有钱、有权、有更多的名号，所以他们内心会觉得没有安全感，会去嫉妒比自己荣誉更多的人。

第四种是拒绝信任他人，极度自我主义者。这种人不屑于和其他人合作，不相信任何人，他们觉得只有自己是最厉害的，什么事情都可以自己完成。这类人由于没有人帮助会犯一些对组织造成惨重损失的错误。但是当其他人对他们的组织和办事能力提出怀疑时，他们会加强防御，主动出击，让怀疑他们的人住口。这类人过于个人主义，只关注自我实现，不懂得合作，其实往往是自我的偏执影响了他们的成功。

第五种是工作狂。这类人眼里只有工作，当然，他们非常勤奋，永远不休息，总是在追逐前进，他们没有休闲娱乐，没有和家人、朋友共处的时光。他们为了工作需要可以牺牲任何事情，包括睡眠和娱乐。但是，没有闲暇舒缓情绪会造成他们的压力越来越大。他们也没有时间及时总结回顾，找出自己的问题，所以，一旦问题出现，他们往往措手不及，日渐焦躁，不承认自己的问题，或者回避已经存在的问题，转而进行下一个工作，或者跳槽到其他组织。这样，问题会出现得越来越多，而对于他们来说，似乎只是运气不好，与自我能力和态度没有任何关系，

这五种情况不一定会单一出现，有时候会同时出现在一个领导者身上，所以，领导者需要不断反观自身，随时自问，或者与身边人进行交流，请他们指出自己的缺点，不让心魔控制住自己。

第十五章 齐家要修身

修身乃齐家之基

> 所谓齐其家在修其身者，人之其所亲爱而辟焉，之其所贱恶而辟焉，之其所畏敬而辟焉，之其所哀矜而辟焉，之其所敖惰而辟焉。故好而知其恶，恶而知其美者，天下鲜矣。故谚有之曰：“人莫知其子之恶，莫知其苗之硕。”此谓身不修，不可以齐其家。

前面的“格物、致知”是内明之学，“诚意、正心、修身”是内外兼修之道，从这章开始讲的“齐家、治国、平天下”进入了外用之学探讨，真正将领导者的道德修养，将《大学》的核心要义付诸实践。

中国传统文化中“齐家”之“家”，与西方的“家”大有不同，和现代形式的家庭也有差异。在古代社会中，这个“家”的概念是宗法社会和封建制度复合的产物，是“大家庭”和“大家族”，本质上涵盖了一个小型社会。在古时候，家是由“高、曾、祖、考、己”五世同堂串联而成的，家是以父系为中心的，但由于女子出嫁又会牵扯到男方的亲戚，所以家的外沿又包括叔姨姑舅等亲戚关系，可以说五千年前整个中华民族都是一家。

这样的大家族形成之后，基于血缘关系的链接变得十分重要，人与人之间更看重一种亲情，血脉之间的联系与管理，同时会有多子多孙是福的传统观念。其实，这样一个庞大的利益不同的家族管理起来并非易事，难度不逊于一个社会组织、一个企业乃至一个国家、一个政党。因为一个组织、一个国家已经制定好规章制度，只要照章办事，公平奖罚，大家即可心服口服，“虽不中，亦不远矣”。但是管好一个家庭关键在于“情”，都是有血缘关系的近亲骨肉，没有办法用固定的法律法规去硬性要求，所以，如果执事人道德不好，有偏颇亲疏，很容易让一家人反目成仇或是家散人亡。

正确规避五种不健康心理

澄清了家的内涵，即可明白“大家族”、“大家庭”内部的调和与统一是“齐家”的根本内容与目的。“大学”这一段“齐其家在修其身”的内容着重指出一个家庭或者一个组织、国家的管理人员应该尽量避免五种情感偏差，这五种情感偏差主要是：“人之其（有）所亲爱而辟焉；（人）之其（有）所贱恶而辟焉；（人）之其（有）所畏敬而辟焉；（人）之其（有）所哀矜而辟焉；（人）之其（有）所敖惰而辟焉。”“辟”是偏僻、偏差的含义，是由于种种不合理的情感而造成的误差。这五种情感广泛存在，上至国家领导人、企业管理者，下至家族族长、为人父母者都会在一定程度上存在这种问题，需要他们及时自省反思。

何谓“人之其（有）所亲爱而辟焉”？意为人会因为自己特别喜爱亲近某个人、某事物而偏袒、宠溺这个人，造成判断力下降，从而影响大局。历史上有名的“触龙说赵太后”的故事便是典型代表。

战国时期赵国被秦国围攻，在赵国负责政事的赵太后向齐国求助，齐国要求赵太后将最喜欢的小儿子长安君送来齐国作人质，否则不予出兵。任由大臣劝说，赵太后就是不答应要求，甚至说“如有人再来劝之，老妇必唾其面”。在这个紧急关头，触龙出面，晓之以理，告诉赵太后真正对一个孩子好就要给他立功的机会，不能因为“亲爱”他就锦衣玉食一味宠溺，让赵太后明白不可以因为宠爱长安君而偏袒他，这样既对长安君的成长和未来不利，也对国家的前途不利。触龙这样说道：“此其近者祸及身，远者及其子孙。岂人主之子孙，则必不善哉！位尊而无功，奉厚而无劳，而挟重器多也。今媪尊长安之位，而封以膏腴之地，多予之重器，而不及今令有功于国。一旦山陵崩，长安君何以自托于赵？老臣以媪为长安君计短也，故以为其爱不若燕后（指公王）。”文章结尾也用赵国人子义之口总结道：“人主之子也，骨肉之亲也，犹不能恃无功之尊，无劳之奉，以守金玉之重也，而况人臣乎！”

当一个人特别喜爱某一事物时，判断力就会出现偏差，不能正常思考问题，所谓“关心则乱”就是这个道理，感情会将理性暂时蒙蔽。欧阳修也说过："祸患常积于忽微，智勇多困于所溺。"不仅是涉及国家间利益的要事，就是家长里短的鸡毛蒜皮小事这种情况也时有发生。

"人之其所贱恶而辟焉"则是一种相反的情况，由于不喜爱某个人而造成的判断、行动失误。春秋时期的郑伯克段于鄢的故事即可说明这个问题。

郑庄公的母亲武姜因为在生产郑庄公时正在睡觉，生育过程很不顺利，因此一直对郑庄公有偏见，喜爱小儿子共叔段。武姜几次阻止郑庄公继位。想扶植共叔段没有成功。于是在郑庄公即位后为共叔段选了一个富裕的封地，共叔段仗着母亲的宠爱和哥哥的纵容，在封地招兵买马，企图篡权夺位。郑庄公虽然知道共叔段的举动，但是一直不动声色，直到共叔段谋反时才将他一网打尽。而母亲武姜在共叔段谋反时应和，以及之前的种种偏袒行为也激起的郑庄公的厌恶，将母亲下放至小城颍，甚至说出这样的话"不及黄泉，无相见也"。不过后来郑庄公对自己的做法感到后悔，在大臣的帮助下，与母亲重归旧好。

这个故事中三人行为都有过错，为了权力完全抛弃了父母兄弟之间的血缘亲情关系。不过这归根结底在于母亲因贱恶而对两个儿子态度偏僻，造成了后来的悲剧，这就是"身不修不能齐家"。

"人之其所畏敬而辟焉"，这里的"畏敬"有两层意思，

“畏”与“敬”，一般情况是由畏而生敬，并非真正的尊重，而且由于权势、威望等因素的惧怕而不得不尊敬，本质上说应该是一种畏惧。人的一生会有各种害怕的事情，年少时怕父母、老师，工作后怕领导，结婚后怕配偶，办事时怕迟到，考试时怕不及格，总是在担心着受穷和死亡，人的一生就在各种担惊受怕中度过，而这种惧怕也会影响判断力，在做一些事时畏首畏尾，被害怕的光环或者阴影所累。其中，这些“畏敬”之事都是潜意识心理在作祟，没必要害怕它们，只要端正心态去对待就会发现它们不过是纸老虎，没有想象中的可怕。

对于古人既害怕又敬畏羡慕的皇位，刘向一针见血指出：“夫天之生人也，盖非以为君也。天之立君也，盖非以为位也。夫为人君行其私欲而不顾其人，是不承天意，忘其位之所宜事也。”晏子也说过：“国有三不祥，是不与焉。夫有贤而不知，一不祥，知而不用，二不祥。用而不任，三不祥也。所谓不祥乃若此者也。今上山见虎，虎之室也。下泽见蛇，蛇之穴也。如虎之室，如蛇之穴而见之，曷为不祥也？”皇位虽然被统治者说成是天子之位，但是在智者看来，只有为百姓谋福利的君主才可以称得上是明君，否则不过是虚占其位罢了。

至于“人之其所哀矜而辟焉”，“哀矜”的意思是同情和可怜，“矜”这个字含义比较复杂，既有自得也有怜悯之意。《大学》中用这个词是同情、怜惜的含义，就如同孟子说的“恻隐之心，人皆有之”，是人性中固有的同情、怜悯之心。佛家中提出的慈悲之心，便是这种仁爱同情之心。不过，佛将仁爱分为两极，“慈”指的是男性、父亲之爱，“悲”偏于母亲、女性之爱。慈悲哀矜如果发挥得当固然是好事，可以给人帮助，让社会充满爱心，但是如果使用不当，则会变成不分青红皂白的偏爱，失去本来的意义了，不但不会齐家，反而会偏离“修身”的本意。

最后一个“人之其所敖惰而辟焉”，“敖惰”指的是骄傲懒惰，做事时自我感觉良好而产生的懈怠、马虎的情绪。孟子的一段话是这样说的：“富岁子弟多赖，凶岁子弟多暴。非天之降才尔殊也。其所陷溺其心者然也。”当一个社会或一个家庭富裕了，他的孩子一般是奢侈的爱炫耀的，而一个社会如果贫穷，他的孩子一般会性情暴躁凶狠。很多富裕家庭的孩子就是因为从小锦衣玉食，生活条件太好而丧失了奋斗的动力，自视过高，眼高手低，等亲自步入社会便会发现自己才能不足以立足立业，而将前辈辛苦奋斗来的家产败光，“富不过三代”就是这个道理。

这五个不好的心理问题，对领导者修其身会造成严重的阻碍，而身不修就难以齐家，正如《大学》书中说的：“故好而知其恶，恶而知其美者，天下鲜矣。故谚有之曰：‘人莫知其子之恶，莫知其苗之硕。’此谓身不修，不可以齐其家。”每个人都有喜爱的事物，但在喜爱其优点的同时也要看到他的缺点，反之，当你讨厌一个人时，也必须客观地承认他的美德和优点，这样才算自我修身到位，不偏不倚。但悲哀的是，大多数人往往做不到这样客观，他们会根据一己之好单方面褒扬或是贬损某样事物，主观性太强。就像父母看不到子女的缺点，农人只看到别人家的禾苗长得好，却从来不认为自己家的禾苗一样壮实。

要想修身进而齐家，必须首先避开这五点，才能找到方向，更何况这个家并非两三人的小家，而是几十甚至几百人的大家族。推而广之，“修身齐家”之道同样可用于一个企业、一个国家的领导者的个人修养。一个管理他人、担负着组织兴衰成败的人，首先要将自己的品德修炼好，各种权术、管理技巧都是细枝末节，修身立德才是根本。一个具有良好品德的领导者才有可能将来自不同文化背景、家族文化、社会地位、受教育程度的人整合在一起，不因“亲爱、贱恶、畏敬、哀矜、敖惰”产生判断和行动偏差，同等坦诚对待，将各种离心力凝结成一股合心力。

强有力的团队建设

对于古代帝王来说，修身而齐家意味着自己的道德修养良好，保证宫廷没有纷争，兄弟子女相敬相爱，不因权位而产生纷争。对于现代企业领导者来说，修身齐家更重要的是建立一支强有力的团队，彼此像家人一样互相支持帮助，共同成长进步。

领导者不可能单打独斗获得成功，尤其在这个竞争激烈的社会，如果拥有一个强有力的团队在各方面给予自己支持，意味着拥有更强的竞争力。不可否认，高处不胜寒，每个领导者在这个位置都是孤独的，这个问题普遍存在但很难解决，很多领导者虽然在公共场合看起来光鲜亮丽，与其他人谈笑风生，但是又有几分是发自真心？

一个团结一致的团队可以给领导者提供有用的主意，直言指出领导者的不足和犯的错误。同时一个忠诚的团队还可像家人一样给领导者亲人般的温暖和慰藉，让他们在浮躁“险恶”的商业环境中感到一些安全感。很多领导者回忆道，在自己处于低谷时期时，最能让他们感到有力量重振旗鼓的就是在身边不断鼓励自己的朋友和同伴。这些同伴帮助领导者在变革时沿着正确的方向前进，他们的期待和支持让领导者更有干劲。如何构建一支真正对自己有帮助的团队？卓越的领导者实际上很擅长构建这样的团队，有时往往是无意识的，比如他们的配偶、朋友、导师、家人、同事和下属。这样一支团队的建立会是一个漫长的过程，要经历一些事情，逐渐开诚布公，培养双方的信任感，学会付出和感恩，将团队建设成真正忠诚可信的伙伴。

构建这样的团队，至少要有一个完全可以托付信任的人，他会包容你，无条件支持你、爱你，会真心为你好，告诉你一些事实的真相。所以很多领导者会选择无条件相信自己的家人，当然也有一些人选择自己的好友或者导师。每个人都是需要被爱的，当他可以从其他人那里得到无条件的爱和支持的时候，工作的压力会得到部分缓解，也不会过多纠结工作中的小失误。

保拉·罗斯普特·雷诺德是Safeco公司的CEO，她最信任的人就是自己的丈夫，她饱含深情地说：“当你在外面忙了一天，你的员工都在大骂你是个混蛋，或者你遇到了一些大麻烦的时候，你会非常渴望有人告诉你：‘无论如何我都是爱你的。’以前只有我的父母和孩子才会这么对我说，但幸运的是，我现在有了一个能够无条件爱我的丈夫。无论遇到什么事情，我总是可以相信，我能够回家，而他会无条件爱我。”雷诺德幸福婚姻的取得也是经过一番波折的。她的第一次婚姻并不美满，她当时对自己过于苛刻，总是关注自己的缺点，同时又认为自己的奋斗没有得到回报。不过随着她的成熟，她已经不再患得患失，不再在乎外界对自己成就和努力的肯定，学会经营自己的幸福。

一个好伴侣和你共同创造爱和信任的氛围，在你犯错误时真诚地向你发出警告，只是为了你可以少走弯路。他不在乎你的身份和地位，他们了解最真实的你，赞赏你的优点同时也包容你的缺点，可以直达你的内心。

“大哥哥大姐姐”公司的朱迪·弗里登伯格一直很庆幸自己找到了一位有相似价值观，具有彼此包容的性格和美好品德的丈夫。“他不会因为我的力量和职位感到威胁。他不会因为我的职位而有任何不平等感。他不关注那些在外人眼中很重要的事情。他看重的是我的品德、责任感和价值观。”

相同的价值观对于领导者和配偶来说很重要，有利于相互之间关系更进一步。兰迪·科米萨是一位企业家，德布拉·邓恩是惠普公司的一位高级执行官，他们虽然处于不同行业，但是他们却一直保持着亲密的关系，科米萨认为：“很多夫妻之间的经历截然不同，价值观、原则和需要可能会随着时间推移而发生变化。我和德布拉两人性格非常独立，但是我们的个人理想、价值观和处事原则很和谐。我们在‘你希望在这个世界留下什么’此类问题上有着极大共鸣。这种共鸣并非一开始就有的，需要一定时间的培养，但是夫妻之间这种同步性非常重要。”

除了爱人之外，很多领导者也会选择家人作为自己最坚实的后盾。尤其是年轻的领导者会尽量与家人保持亲密的关系，与兄弟姐妹、父母在一起，他们认为可以从父母这里得到一些经验总结，而且可以从父母身上更好地认识自己。

担任摩根士丹利CEO助理的朱利安·福莱纳成长于单亲家庭，他的父亲在他幼年时离家出走，从三岁起他就与母亲相依为命，保持着非常紧密的关系。在他上大学时，继父生病，福莱纳主动在课余时间担任兼职资助母亲，他把母亲当作最可以信赖的人，有了问题总是会第一时间来征询母亲的看法，从母亲这里得到帮助。

而年长的父母也非常看重与孩子之间的关系。美国运通的玛丽安·托德达拉基注重与孩子之间信赖关系的建立。她说道："作为父母，我总是希望孩子能够接受自己的肤色。我之所以要和他们建立一种互相信任的关系，就是要在他们长大到十几岁的时候能和他们成为无话不谈的好朋友。"

互相信赖的亲密关系需要培养，即使是最亲的亲人，彼此间无条件的信赖也需要时间，需要一个磨合的过程。父母会有意识帮助孩子认知自我，学会独立，热爱学习，学会爱人并信任他人，对社会作出自己的贡献，父母和子女不仅是长晚辈的关系，还是朋友的关系，相互之间亲密无间无话不谈。作为领导者，无论是父母还是子女都会从这种关系中得到益处。

除了配偶、家人外，对自己有帮助的导师也会被领导者加入团队中，在领导之路上不断指导自己，给自己帮助。但是要注意的是，领导者不能总是想从导师那里获得帮助，还要及时给导师反馈，让导师对这种关系感兴趣，保持一种双向的沟通和互通有无，这样的关系才能持久。

Intuit现任主席和前任CEO比尔·坎贝尔被誉为硅谷最优秀的导师。北加利福尼亚很多公司都在雇佣新领导之前向他询问意见，虽然坎贝尔不太喜欢抛头露面，但是人们还是尊敬称呼他“坎贝尔教授”，是硅谷地区最受尊敬的执行官。

坎贝尔曾经指导过十多位企业家，其中就有前面提到的兰迪·科米萨。坎贝尔为大家尊敬的原因就是他可以最大限度地激发其他领导者的领导潜力，他公正无私，乐于助人，待人真诚，有着广泛的交友圈。坎贝尔曾经在苹果电脑公司担任执行官，任职期间他担任苹果分公司Claris软件公司的领导工作，为公司聚集了一批富有才华的年轻人，这里面就包括科米萨和齐森。这些人虽然已经自立门户，但是仍然会想起在Claris工作的时光，感谢坎贝尔对他们的指导。现在他们面对工作上的问题时仍然会向坎贝尔请教，平时也会与坎贝尔联系，他们之间不只是师生关系，更是朋友关系，彼此间分享工作中的苦乐，就像一个和睦团结的大家族，互相扶持互相帮助。

除了导师之外，领导者构建的团队也少不了挚友的身影。这些朋友一般都是有几年甚至几十年的交情，彼此间有着深刻的了解。研究表明，虽然每个人的交际圈大小不同，但是知心的朋友一般都在5个左右，这些知心好友会保持密切的联系。Da Vita公司的CEO肯特·希里将好友关系比喻成红杉树：“红杉树是森林里最高、最强壮、最长寿的树木。怎样才能让一棵树又高又壮又长寿呢？这需要时间。”希里在大学毕业后，仍然和好朋友保持密切的联系，虽然彼此离得很远，但是希里经常和朋友们聚会，保持一种经常性的往来。他很珍惜彼此之间的友谊，认为一段友谊得来不易，应该努力将其保持下去。

好朋友不仅仅是带来快乐的，同样也会帮你分担烦恼，同时当好朋友遇到挫折时，需要你在身边安慰鼓励他，让他从挫折中很快恢复。他们为了帮助你会直言相告，当你遭到人生低谷时会一直陪在你身边，为你提供无私的帮助。尤其是你们一起经历过一些困难之后友谊会更加深厚，彼此间了解更多。领导者也应该有意识地组织一些活动帮助人们沟通感情，增加彼此间交流。克里斯·欧康奈尔是美敦力某系统总裁，他是这样保持与好友的友谊的："我们每年会聚到一起，到一个度假胜地玩四天。毕业十二年来，这种聚会从来没有中断过，从来没有一个人缺席。每次聚会我们的重点是在策划下一次游玩而非本次旅游，每年我们的时间都用在这个问题的规划上。"

只有经历过危难时刻，当领导者权力地位的光环离自己而去的时候，一个人才会知道真正的朋友是谁。唐纳·杜宾斯基对此深有感触："2001年，网络泡沫破灭之前我是一位'纸上亿万富翁'，很多人跟在我身后，希望和我交朋友。但是当网络泡沫消失时，这些曾经口口声声号称自己是我朋友的人都离我而去，陪在我身边和我同舟共济的只有那些多年的至交好友，不是因为我的身份地位而和我交往的人。"

如果一个领导者可以找到一个与自己有共同爱好、共同职业发展方向的团队一起工作，也有助于领导力的提高。因为相似的经历和工作经验会让你得到有用的经验。“三人行，必有我师焉。”群体成员既可以是同行业的人也可以是本组织内部成员，有时候本组织成员对工作起的帮助更大，因为他们真正了解领导者工作中面临的问题，知道组织的情况，提出的意见也有切实可行性。同时领导者位置高高在上，有时会在公司中感到孤单，此类团队的建立也会促进领导者与员工们的友谊，在互动合作中提升工作效率。

第十六章　齐家而治国

如何“齐家”

所谓治国必齐其家者，其家不可教，而能教人者，无之。故君子不出家而成教于国。

孝者，所以事君也。弟者，所以事长也。慈者，所以使众也。康诰曰：“如保赤子。”心诚求之，虽不中，亦不远矣。未有学养子而后嫁者也。

一家仁，一国兴仁。一家让，一国兴让。一人贪戾，一国作乱，其机如此。此谓一言偾事，一人定国。

尧舜率天下以仁，而民从之。桀纣率天下以暴，而民从之。其所令，反其所好，而民不从。是故君子有诸己，而后求诸人。无诸己，而后非诸人。所藏乎身不恕，而能喻诸人者，未之有也。故治国在齐其家。

诗云：“桃之夭夭，其叶蓁蓁。之子于归，宜其家人。”宜其家人，而后可以教国人。诗云：“宜兄宜弟。”宜兄宜弟，而后可以教国人。诗云：“其仪不忒，正是四国。”其为父子兄弟足法，而后民法之也。此谓治国在齐其家。

这里首先要了解“教”的含义，“教”是教育、教给的意思。一个帝王想要治理好国家必须先治理好自己的家庭，治理好家庭要从个人修养起步。而个人修养在之前已经讨论过，这里着重论述如何“齐家”。为何曾子要用“齐”而不用“治”等字，“齐”有平等、修正、肃穆的含义。作为领导者要一步一步修炼，从“知、止、定、静、安、虑、得”到“格物、致知、诚意、正心”，修身的成果正是先从家庭起步，以身作则，让家人按着正确的道德标准和做人准则进行自我提升，达到家庭的美满和睦。在此基础上，领导者步入社会，用美好的品德感化组织中的人，吸引追随者为了共同愿景而努力。如果你的道德修养尚不能让最亲近的家人和睦相处，又怎么去领导外界与已毫不相干的人呢？如果没有一个美满和谐平静的家庭做你的后盾——试想，你的家人每日吵闹，矛盾不断，配偶要与你离婚，子女惹是生非——你也没有心思做更大的事业吧，这便是《大学》说的“其家不可教，而能教人者，无之。故君子不出家而成教于国”的含义。

《中庸》中也提到“仲尼祖述尧舜，宪章文武”。子思认为孔子高度指出传统的礼教文化，以先古时期的尧、舜二帝事迹作为道德准则，用周文王、周武王的行为做宪章，这样才可以实现治国齐家的目的。

“齐家”一方面要求一个人品德高尚以德治家，同时对配偶和子女也有较高的要求。因为家庭是一个整体，任何人的作用都不可偏废。“父慈子孝”是基本要求，父慈的含义留待下文讲解，这里先来说明儒家最提倡的“孝者，所以事君也。弟者，所以事长也。慈者，所以使众也”的道理。

周建国之初，古公亶父的两个儿子太伯、仲雍尊重父亲意愿，将王位让给弟弟，抛弃贵族身份离家出走，可谓“推位让国”的典范。他们的弟弟延陵季子也屡次退却皇位，想将其让给两位隐居的哥哥，这也正表现了“弟者，所以事长也”的品德。不过虽然孔子十分推崇周朝“推位让国”的品德，但并没有明确提出历代统治者应该这样做，这种做法的可操作性仅局限在上古时期“父慈、子孝、兄友、弟恭”的禅让环境，否则只会将辛苦打来的皇位拱手让人。“推位让国”的真正含义用在现代国家和企业中应该是一种民主选举式的道德，将真正德才兼备的人推上领导之位。在原始社会，用德来治理天下，春秋战国后，皇帝们用“权”、“术”来争夺天下，“权”是武力和权术，“术”是谋略技巧。如果“权”、“术”使用前提是明明德和亲民，那可称为明主了，马丁·路德说过：“不择手段，以达到最高道德目的。”但纵观历史，能够这样做的人实在太少了。

治国的原则

曾子引用《康诰》中的“如保赤子”作为治国者的标准和理想，认为皇帝应该修身养性，对百姓有“如保赤子”的治国理念，而非只有空头文件而无具体操作行为的欺瞒行为，但这种道德标准实施起来难度很大，帝王们或者有能力，但道德修养不够；或者所处社会条件不允许，主客观总是会出现些许偏差，心有余而力不足，认识不到位或没有及时抓住机会都是常见的情况。曾子在最后勉励安慰道：“心诚求之，虽不中，亦不远矣！未有学养子而后嫁者也。”

一、“自知与知人”

曾子对治国原则首先提出的便是“知人之智，自知之明”。这个原则不止对中国古代帝王，放在现在民主国家、企业组织、社会团体也有指导意义。正如《大学》中说的：“一家仁，一国兴仁。一家让，一国兴让。一人贪戾，一国作乱。其机如此，此谓一言偾事，一人定国。”中国历史上朝代兴亡一治一乱的规律正说明了这个道理。一个领导者贵在有自知之明，应该意识到不管自己是国家领导人还是企业管理者，虽然有信心有能力让所在组织发扬光大，但都不可避免会有“破家亡躯”的风险，但同时也有“化小家庭而利邦国”的荣耀。因此，领导者必须深刻认识“一人乖戾，一国作乱”，“一言偾事，一人定国”的道理，让自己的能力和道德强大起来，不因个人贪婪暴戾造成组织的覆灭，成为历史罪人，领导者贵在“知己知彼”，这样才可百战不殆。

二、以法治国

曾子在《大学》中还讲到这样一段话：

> 尧舜率天下以仁，而民从之。桀纣率天下以暴，而民从之。其所令，反其所好，而民不从。是故君子有诸己，而后求诸人。无诸己，而后非诸人。所藏乎身不恕，而能喻诸人者，未之有也。故治国在齐其家。

这段话表明，要想将国家治理清平，其规章和法律都应当从自身考察，“己所不欲，勿施于人”，设身处地反思这些法令，如果这些法令加诸在自己和家人身上，自己觉得合理可行，这样才是具有实际操作性的。反之，如果这些法令让自己和家人都无法忍受，又如何让其他人遵守呢？这是制定法令的基本准则。

曾子认为齐家治国除了家庭和谐、修身立德之外，还十分看重母亲在家庭中扮演的角色。他引用了《诗经·桃夭》的原文：“桃之夭夭，灼灼其华。之子于归，宜其家人。”这里的重点在于“宜其家人”。这首诗相似的表达还有“宜其室家”。“宜其家室”，用来夸奖新婚女子品行良好，温柔淑德，可以造福这个家庭。在一个大家庭里，有德有才的女主人至关重要，女性温柔细腻的品格如同润滑剂一般，可以将家庭中各方利益进行调和，保证家族男女老幼，长少尊卑都各得其所。女主人做好后方工作，保证男主人在外心无旁骛地工作，回家后有个温暖的休息地。不仅孔子注重“齐家而后治国”，注重妇德，远在印度的佛教创始者释迦牟尼也同样看重妇女的作用，他认为，治世轮王应具有“七宝”——轮宝、象宝、马宝、女宝、珠宝、主藏臣宝、主兵臣宝。“女宝”列于这“七宝”之中，指的是有智慧有才德的妃子。

对于领导者来说，这个“女宝”一方面指的是可以陪伴自己的伴侣，另一方面也指拥有女性特有智慧和美德的女性领导者。现在很多组织的领导者都是女性，她们思维敏捷，心思细腻，同时还拥有丰富的知识，引领组织日渐发展壮大。

领导力要求领导者与下属之间的良性沟通，双方的作用都十分重要，缺一不可。如果互动是良性的，那么双方都会表达出自己的真实想法，良性的交流会促进团结，帮助领导者看到组织中存在的不足及时改正。而不良的交流让双方有话说不出，矛盾和误解会越来越大。成功的领导一方面也是考察领导者的交流沟通能力和移情能力，将下属的热情激发出来。一般来说，女性领导者的移情能力可以说是天生的，自身拥有的性格特性比男性领导者更能够说服下属，理解他们的感受。芭芭拉·科黛曾任哥伦比亚广播公司的高层管理者，她也有同样的看法：

女性看待力量的方式一般与男性不同。我不需要任何个人力量，尤其是控制他人的力量。我希望拥有的那种力量是可以让我的公司顺畅地运转，让我的员工有效地工作……作为妈妈、妻子和女儿，我们女人一直都是照管者，在我们的生活中，有很多照管者都是女人。甚

至当我们已经取得商业上的成功时，我们还要继续扮演照管者的角色。我们觉得那很自然。我不仅认识所有为我工作的人，我还知道他们丈夫或者妻子的名字，还有他们孩子的名字，我知道谁的身体一直不太好，知道该询问哪些情况。我认为，这在一个工作环境中是首要的。这正是人们看重的东西，是他们愿意留在这里，忠于组织、关心手头工作的原因。我觉得，它是一种特别阴柔的东西。

一直以来，人们都将女性看作弱者，但是当女性领导者及其下属下定决心做一件事的时候，她们往往会爆发出惊人的热情和力量。

阿琳·布鲁姆是一位杰出的女性登山领导者，擅长挑战现状和激励他人，带领着女性登山爱好者征服了一座又一座高山。但是她的职业却并非登山者，她是一位生物化学博士，却将大多数时间用在登山上面，听起来很难相信，却是事实。到目前，她已经到达顶峰三百余次。她最为人熟知的事迹不是她挑战的世界高度，而是她曾经领导一支由全部由女性组成的登山队成功登上世界第十高峰安娜普纳主峰。

阿琳这样说道："每个人都会问登山者一个问题——为什么登山？一个著名的说法是'因为山在那里'。当人们知道登山前的准备工作多么繁琐复杂和艰辛时，这个问题更是被频频地提起。但是对我们这支队伍而言，登山的意义并非这个答案这样简单，它有着更加深远的意义。在攀登过程中，我们都感受过兴奋、喜悦和同伴间互相帮助、互相协作的温暖和感动。现在我们又踏上征程，向着每个登山者的最终目标之一——世界第十高峰出发。作为女性，我们其实面临着比高山更严峻的挑战，那就是社会的传统观念和思维定势，女性从来没有进入登山史，一直被排除在外。尽管如此，我们还是相信我们可以完成这次挑战，实现登山史上的一次创举。”阿琳还举出了她们面临的种种困难，这些困难大多是外界对她们的质疑，比如外界怀疑她们身体素质不如男性，是否可以承受这么高强度的长途跋涉，是否可以背负分量很重的登山设备，她们是否具有登山者需要的领导水平和坚定不移的心理素质。

1978年10月15日下午3点29分，这支女子登山队成功登上了安娜普纳主峰。阿琳对这次成功是这样总结的：“我们这次登山让10名女士有机会去攀登作为世界最高、最有挑战性的山峰之一的安娜普纳主峰，而且我们还将会继续挑战其他山峰，这次成功为计划中的攀登喜马拉雅山行动奠定了良好的基础。我们现在成功了，我们是登上安娜普纳主峰的第一批美国人，也是登上8000米高峰的第一批美国女人。”阿琳认为，成功的领导者并没有性别的区分，只要有毅力有信心，有必胜的决心和热情，相信自己正在完成一件史无前例有意义的事情，你一定可以战胜世俗偏见，战胜恐惧和身体上的疲劳。

女性领导者的思维比较灵活，有时会想出一些具有创造性解决问题的办法。比如，当她们面对比较复杂比较庞大的任务时，她们有时会发散思维，将大任务分解小问题分别解决。现在社会工作节奏很快，据统计，一位管理者处理一件事情的耐心平均只有3分钟，这个耐心只能维持在12分钟，12分钟后注意力会发生转变。如果按日工作时间8小时算的话，每天注意力要转移40次以上，这么多转变会让领导者应接不暇，抓不住工作重心。分解工作的优点在于它的简便易行，化繁为简，可以在最短时间集中注意力将事情一次解决，从而积少成多，将复杂问题一步步解决。

美国女性领导力研究会创始人雷娜擅长用这种方法，不止在企业管理中广泛使用，在培养女子垒球队时进行尝试，取得了良好效果。

雷娜曾经是国际女子职业垒球联盟的第一个运动员经理，她对这项运动十分熟悉。在做运动员时她表现得非常出色，她曾经创造过青少年奥林匹克运动的世界纪录，投掷出了189英尺的好成绩。她知道每个女孩子在刚开始面对垒球时都会有恐惧的心理，因此她采取循序渐进的方法。

雷娜最初没有使用真正的垒球，而是用了替代品——一个很软的对人体没有伤害的球。当她将这球扔给10米之外的女孩时，虽然她用的是类似小孩玩耍的手法，但是这个女孩大声叫喊不敢接球。雷娜没有指责这个女孩，相反，她鼓励女孩道："没关系的，站到线后面，很好。下一个人，贝斯特，你站到前面。"后面的女孩很不情愿站到前面，类似的情况又一次出现了，当球扔过来时，她也迅速蹲下，手抱头，并大声叫喊。雷娜发现这些女孩子对球的恐惧心理必须转变，否则很难学会这项运动，于是她改变了指导策略。雷娜从随身携带的包里取出一支笔，然后在训练用笔在球上画了笑脸，分别是红色、黄色、蓝色、紫色，这样当女孩子们看到球时会看到大大的笑脸。雷娜重新将这群恐惧的女孩子们聚集起来，告诉她们："现在我们一起来玩个游戏，每个人只需说出你看到的笑脸的颜色就可以。"

刚才第一个女孩子站了出来，雷娜向她扔了一只球，这次她没有躲开，而是紧紧盯着球，大声喊道：“紫色！”第二个女孩站了起来，“黄色！”这样每个女孩都敢看球了，因为这些球对她们来说并非可怕的比赛用球，而是一张张彩色的笑脸，很快，女孩子们重新笑起来，开始放松。雷娜又说道：“现在咱们让这个游戏稍微复杂一些，当球在你们身边飞过的时候，你们把球棒放在自己肩上。”第二次尝试又成功了。第三次，雷娜让这些女孩子们用球棒迎接笑脸，这样一次次的增加任务难度，雷娜将枯燥的训练变成了开心的游戏，队伍的技术也在迅速提高。这样，第一次比赛，这支队伍以27：1的好成绩获得了胜利。

雷娜用她特有的智慧和耐心，将一个复杂的问题化解为一个个小的游戏，分别解决，没有急躁也没有灰心，正是这种女性思维的智慧，创造者一个个领导力上的成功，也为一直以男性为主导的领导世界注入了柔和的色彩。

下面的“宜兄宜弟”是指主人的品德，令兄弟姐妹和睦相处，相亲相爱，促进家庭的团结繁荣。至于最后提到的“其仪不忒，正是四国”两句，引自《诗经·鸤鸠》，“忒”是偏差的意思，“不忒”即为品行正直端正，没有差错的意思，这就对当政者提出要求，他们应该诚意正心，品德高尚，表里如一，这样才能立己，进而将品德播撒四方进而立人。

家庭的和睦对一个人事业的发展，国家的长治久安至关重要。一个国家就是有无数家庭组成，只有家安宁，国家才会安定。曾子的

“治国齐家”之道，首先看重可以“宜其家人”的贤妻良母，同时也注重家族成员内部团结和谐的“宜兄宜弟”。历史上，现实中有多少家庭，兄弟姐妹因为争夺财产而闹得不可开交，在利益诱惑下将道义礼法全部抛在一边。因此，要做好这一切，根源便是自己的道德修养要到位，用高贵品德去影响家人，自己真诚，表里如一，不偏不倚，这样才可以“意诚而心正，心正而后身修，身修而后家齐”，最后致于“正是四国”。

因此，曾子在此段最后总结道：“其为父子兄弟足法，而后民法之也。此谓治国在齐其家。”只有自己身先士卒，以身作则，让父子兄弟效法你，才能将影响逐渐扩至万民，让万民都来效法。儒家“为政”的道理其实就是如此简单，正己而后教人，修炼至同时具有君道、父道、师道的德性，从而感动百姓，帅天下而从之。

家庭是事业的基础

很多领导者都有这样的感触：虽然在本组织内呼风唤雨，下属对自己言听计从，但是回到家里一切都变了样，子女有时会不听话甚至捣乱，你在家里没有威信可言。雅芳公司CEO钟彬娴至今还能想起让她难忘的一个早晨：她被提名为“年度老板”，赶时间去参加会议。在这之前要送儿子上学，她催着儿子动作快一点，因为怕会议迟到，但是儿子却回敬道：“你又不是我老板。”虽然很恼火，但是她也承认孩子说得很对，“对即将讲演的3000名员工来说我是老板，但是很无奈，我却不能控制我的孩子”。

很多领导者都意识到其实家庭才是生活真正的中心，工作的目的正是为了家庭更和睦，家人生活得更好。阿兰·霍恩是年投资制作25部电影的华纳公司的投资决定者，是《娱乐周刊》评出的“最有权力执行官”之一。每年他都会收到公司旗下明星的礼物，但是与其他制片人不同，与人们想象的也不一样，很多制片人办公室墙上都会挂满与明星的合影，但是霍恩的办公室只有自己家人的照片。对于这个问题，霍恩说：“一旦其他人坐上我的位置，我身上的光环会瞬间消失。这些人明显会继续给我的继任者送礼物，但是我的孩子们不会离开我。就像我的家庭一样，虽然我父亲只是一名酒吧招待员，但是我一直把他当作生命中最重要的人。”

Aramex International的创始人法蒂·甘多尔每年都会在工作之余抽空和儿子去潜水。甘多尔这样做的原因就在于他认为年轻时没有足够的时间与父亲相处。“我要尽可能多和孩子在一起。这是和家人保持关系的最佳方式，也是我最放松最享受的生活方式。”

由于领导者们工作繁重，他们尽管很想与家人在一起，但是繁忙的工作让他们分身乏术，心有余而力不足。美敦力的领导者克里斯·约翰逊在处理家人和事业方面为其他领导者做出了很好的榜样。约翰逊和丈夫都是商业领导者，约翰逊对公司的发展有举足轻重的作用，她把公司的植入型除纤颤器业务壮大成价值30亿美元，将公司的外部业务和商业战略部门引领到新的更高的发展阶段。虽然工作事务繁忙，但是每当女儿有比赛，她总是会准时到场观看，她到外地出差也会尽量带上女儿。后来，由于工作出色，约翰逊晋升为主管美敦力的全球业务，但是这意味着她的大部分时间都将用在出差上，与家人相处的时间被压缩。虽然她也尝试着和普通人一样过着与家人在一起的安稳生活，但是她失败了，如果她想过自己想要的与家人在一起的生活，她必须改变现有的工作。

经过深思熟虑，约翰逊离开了美敦力，加入了另外一家中型公司。虽然这家公司规模没有原公司大，但是她自主的时间更多了，有了充足的时间可以和家人相处，工作和生活得到了均衡。跳槽几年后自己身上发生的危机更让她庆幸当时自己的决定：“和女儿们参加的那些重要活动，去大学看望她们是我生命中最重要的事情之一，一旦错过了，对我来说是一生无法弥补的遗憾。”

每个人的精力是有限的，鱼和熊掌不能兼得，有时候领导者在面对事业和家庭二者间的冲突时，必须要选择一个对自己更重要的东西。就像约翰逊，虽然是大公司的执行官，在事业上有着突出的成就，但是他们更看重家人，虽然在事业上做出了小小牺牲，但是却获得了与家人的长久相伴，在孩子成长最关键时刻给她们支持和陪伴。

家庭带给领导者不一定是美好的回忆，有时也会对领导者领导方式或者做人方面产生一些不良影响。著名小说家弗兰兹·卡夫卡对此有着深刻的体会，他日记中的一段话深受广大读者的赞同：

> 当我想到自己所受的教育时，我必须说它在某些方面给我造成了严重的伤害。这种指责适用于很多人——就是说，也适用于我的父母、一些亲戚、我家的访客、各种作家、一个督学、缓缓而行的路人。总而言之，这种指责就像匕首一样刺捅着社会……我随时都可以证明，我所受的教育试图用我制造出另一个人，而不是现在的我。

很多时候，为我们提供教育和成长经验的场所——学校和家庭并没有如愿提供我们称为领导者必要的环境。只是我们一直不愿意承认，我们总是以为是家庭和学校教会了我们如何领导他人。所以，我们必须要客观审视我们的成长经历，特别是家庭对我们造成的影响。我们出生并成长的家庭，是我们第一个学习的地方，我们的本体意识、价值观、对未来的期望和领导潜力都是在这里产生的。但是我们的弱点，成功的最大限制因素也是在此萌芽，我们必须学会反观自身的成长环境，分析家庭成员在自己成长中所起的作用，找到阻碍我们强大的因素和自己的最大的长处在何处。

苏珊·格里芬在《墓碑的合唱》这本书中这样总结家族的对我们成长的关键性作用："我开始相信我知道的一切——所有历史，包括每一个家庭的历史——都是我们自身的一部分；因此，当我们听说任何一个秘密，比如关于祖父或叔父等人的秘密时，我们的人生就突然之间变得更加清晰了，因为没有严明的事实所造成不自然的沉重被驱散了。或许我们就像是墓碑，我们自己的历史和世界的历史和我们融为一体，我们把悲伤压抑在内心深处，在历史得到歌颂之前，我们无法哭出来。”

如果领导者认真考察组织的构架和家庭组合模式会发现有一些相似之处，他们很可能无意识地用家族构成形式来建设自己的组织，影响到工作情况。所以，当领导者反思领导力时也可以从家庭这个角度来考察，也许会柳暗花明，找出症结或者成功经验，帮助自己跳出思维困境，重新打开一个思路。但是不论家庭情况对我们领导力产生的影响是消极还是积极，我们都应该感谢这段经历，因为它是我们人生中一笔宝贵的财富。消极的影响可以让我们不断反思，不断精益求精，将自己变得更好；积极的影响会让我们抱着感恩的心态，感谢幸福家庭带给我们这么多成功的经验。

第十七章 天下之平难也

所谓平天下在治其国者：上老老，而民兴孝；上长长，而民兴弟；上恤孤，而民不倍。是以君子有絜矩之道也。所恶于上，毋以使下；所恶于下，毋以事上；所恶于前，毋以先后；所恶于后，毋以从前；所恶于右，毋以交于左；所恶于左，毋以交于右；此之谓絜矩之道。

诗云："乐只君子，民之父母。"民之所好好之，民之所恶恶之，此之谓民之父母。诗云："节彼南山，维石岩岩。赫赫师尹，民具尔瞻。"有国者不可以不慎；辟，则为天下僇矣。

诗云："殷之未丧师，克配上帝。仪监于殷，峻命不易。"道得众则得国，失众则失国。是故君子先慎乎德，有德此有人，有人此有土，有土此有财，有财此有用。德者，本也；财者，末也。外本内末，争民施夺。是故财聚则民散，财散则民聚。是故言悖而出者，亦悖而入；货悖而入者，亦悖而出。

康诰曰："惟命不于常。"道善则得之，不善则失之矣。楚书曰："楚国无以为宝，惟善以为宝。"舅犯曰："亡人无以为宝，仁亲以为宝。”秦誓曰：“若有一介臣，断断兮，无他技，其心休休焉，其如有容焉；人之有技，若己有之；人之彦圣，其心好之，不啻若自其口出；实能容之。以能保我子孙黎民，尚亦有利哉！人之有技，媢嫉以恶之；人之彦圣，而违之俾不通；寔不能容。以不能保我子孙黎民，亦曰殆哉！”

唯仁人放流之，迸诸四夷，不与同中国。此谓唯仁人，为能爱人，能恶人。见贤而不能举，举而不能先，命也；见不善而不能退，退而不能远，过也。好人之所恶，恶人之所好，是谓拂人之性，灾必逮夫身。是故君子有大道，必忠信以得之，骄泰以失之。

生财有大道，生之者众，食之者寡，为之者疾，用之者舒，则财恒足矣。仁者以财发身，不仁者以身发财。未有上好仁，而下不好义者也；未有好义，其事不终者也；未有府库财，非其财者也。孟献子曰：“畜马乘，不察于鸡豚；伐冰之家，不畜牛羊；百乘之家，不畜聚敛之臣，与其有聚敛之臣，宁有盗臣。”此谓国不以利为利，以义为利也。长国家而务财用者，必自小人矣。彼为善之。小人之使为国家，灾害并至，虽有善者，亦无如之何矣。此谓国不以利为利，以义为利也。

这一段话作为全书的结语，分析了“平天下在治其国”的曾子在这段话指出“外王之学”如何与政治相联系，帮助领导者治理国家，平定天下。宋代理学家曾有这样的看法，认为熟读《大学》、《中庸》、半部《论语》就可以平定天下，这实在是大谬，就如同子路讽刺的一样：“有人民焉，有社稷焉，何必读书而后为政。”孟子也说过：“尽信书不如无书。”如果仅凭书本知识就可治国安邦的话，整日坐在书斋闷头苦读就可以了，何必辛苦出去在外打拼。书本知识是基础，在了解圣贤之道的基础上，让自己思想境界、道德修养提升一层次后再去影响世人，治国平天下。

絜矩之道

曾子在“平天下”这段话中首先提出的便是“上老老，而民兴孝；上长长，而民兴弟。上恤孤，而民不倍。是以君子有絜矩之道也。”领导者或帝王尊敬老人，百姓中也会兴起孝敬之风，领导者尊敬长辈长者，百姓也会效法，兄弟和睦。领导者体恤孤儿，那么百姓也不会违背君主的意思，在民间兴起善待孤儿的行为，这就是君子拥有的平衡协调之道。“絜”指的是平衡，不偏不倚；“矩”是古代测量方形的工具。“絜矩”的含义就是公正仁爱，“智周万物，量同太虚”。

曾子在下文中又提出“上下、左右、前后”的絜矩之道。“所恶于上，毋以使下；所恶于下，毋以事上”，如果你处于上位，是领导者，一件事情自己很不喜欢做，最好也不要让下属去做。同样，身处下位，一些行为自己不屑去做，但是为了让上级满意，自己得到好处，把这件事换了名称，巧立名目，让上级去做，把责任推卸给上级，这也是不应该的，是道德缺失的表现。

“所恶于前，毋以先后；所恶于后，毋以从前”也是相似的道理：一件事情以前不想做，现在碰到了一般做法是暂时不管，把它忽略在一边，或是明知道一种做法会有不好的后果，但是为了眼前利益仍将其做下去，这样也是不对的，都是缺乏责任心，不会协调各方面利益关系的表现。“所恶于右，毋以交于左。所恶于左，毋以交于右”，一个人在办事或者与人相处时自己不想做的事情尽量不要推卸给身边平辈的人如同学、朋友、同事、兄弟姐妹去做。推而广之，组织或者国家领导人，决策时也经常遇到左右两派完全相反的意见，这时要遵从公正的原则，充分吸纳两派意见的长处，取长补短，万万不可用一派观点强压另一派。一个领导者只有拥有大智慧，宽广的胸怀才能运筹帷幄，正确协调各种矛盾。

这段话的道理看似与孔子“己所不欲，勿施于人”有几分相似，但是本质大有差别。“己所不欲，勿施于人”仅仅局限在个人的道德修养，而这段话包容性很广，是一位领导者如何在纷繁复杂的关系中平衡协调各方利益，促进合作，求得一种平衡，是治人治世的大学问。

对于领导者来说，向下属反复强调他们的共同奋斗的目标有助于团结合作关系的保持，让人们对未来抱有希望，有信心战胜眼前的困难。乐观的领导者会珍惜每一次挑战与挫折，把他们当作成功之路上必不可少的考验，乐观地带领团队以积极的心态迎接不断出现的挑战。

埃克森高级执行官约翰·皮克回忆自己的一次领导者经历时这样说道：“我在埃克森是新人，也是第一个担任重要的产品开发职务的女性。”这个项目由于一些小技术问题和生产环节出现的故障迟迟没能上市，皮克最初接手这个项目时，已经比原计划时间耽误了几个月，皮克经过对这个项目的深思熟虑认为要想让这个项目顺利进行下去，需要“让所有人看到他们是彼此联系的，我们的成功不是某个人或某个小组努力的结果，尤其是短期。我们需要所有人都为一个共同目标而努力，把团体的责任放在个人责任之前”。皮克赞成团体成员主动发现问题解决问题，她的团队每周都会召开会议，但是这个会议主要是沟通交流意见，总结经验，不是专门为解决问题而召开的，因为一旦成员发现了问题就会立即着手解决，思考谁的经验和能力最适合解决这个问题，然后针对如何解决提出自己的看法。皮克给成员充分的空间、时间探索最佳解决之道，她的目的是让成员学会分析问题、解决问题的能力，并避免以后再犯类似的错误，而非粗暴指责他们。

领导者在建立一个团结的团队时，成员之间的相互信赖是必不可少的。大家有同舟共济的意识，每个人都充分了解自己的成功和他人的帮助和协作是密不可分的，也就是说其他成员不成功自己也不会成功，成功依靠他们共同的努力。如果没有团队意识，一群人不可能团结起来组成行动力强效率高的团队。领导者也要有意识地加强这种意念，自己的成功、目标的达成，需要在团队成员共同努力、彼此协作下才能达到。

团队协作变得越来越重要，几乎没有一件事情可以凭借一己之力完成，小到一颗螺丝钉的制作，一场足球比赛的胜利，大到一个组织年度计划的完成，一个国家大政方针、经济目标的达成，都需要参与者形成互相协作的团队，在组织内部充分发挥自己的智慧。一个人没有能力单独抚养一个孩子，不可能制造出一架飞机，甚至不可能完成部门一个小Case，追求成功的共同目标将大家结合在一起，那么为了目标的达成就需要大家为了集体的共同利益牺牲部分个人利益，领导者需要平衡各方面的利益，在个人利益损害最小的情况下，追求组织利益的最大化。

Parthus Technologies公司的工程经理约翰·多利认为作为一位领导者不仅要有出色的业务能力，同时还要有协调组织能力，让团队成员产生归属感，对项目有着责任感，主动高质量完成工作，同时，这些员工也要认识到自己是合作组的必不可少的成员，有着一致的目标。约翰将他的领导成功经验这样总结道："我确保团队成员之间要互相依赖。只有合作和团结，工作才能成功。每个人都可以得到顾客的反馈信息，他们也非常清楚这个项目将对Parthus产生的财务影响，这会让他们觉得自己是团队的一分子。我同时也确保每个团队成员认识到自己的努力对整个项目和公司都十分重要。每个项目拿来的时候，我会让大家觉得我们现在做的不同于以往任何一个项目，是独一无二的。这样，我们朝着一个共同的目标前进。"

在领导者建立的长期平衡团队关系中，不仅是"所恶于上，毋以使下；所恶于下，毋以事上；所恶于前，毋以先后；所恶于后，毋以从前；所恶于右，毋以交于左；所恶于左，毋以交于右"这些道德因素，还包含领导者与成员间互惠互利的关系。如果领导者总是要求权利但没有付出相应的义务，而成员总是默默付出没有相应回报的话，员工会感觉被无偿使用，自己的付出没有回报，久而久之就会丧失热情，或者消极怠工或者离开转向更好的工作团队。所以要想让一个团队可以长久保持下去，成员们始终抱有对工作、对成功的热情，领导者需要设立互惠互利的标准。这种互惠互利并非仅仅是物质利益上的，还包括精神层面，一种成就感的满足。约翰·多利通过将一个团队的人定期调往另一团队，彼此间交流工作经验和想法，了解其他同事是如何工作的办法，让员工对工作内容有了全面了解，认识到自己的重要，也承认他人在组织中必不可少的贡献，从而对团队产生强烈的归属感。

经济管理学有个著名的“囚徒困境”命题就揭示了成员间通过一种平衡和协调，彼此间达到利益最大化的含义。“囚徒困境”将两批人分为两个小组，都面临着共同的困境，他们有四个选择，每个选择会对自己和对手带来不同的结果，或者共赢，或者共输，或是我输你赢，或者我赢你输，而自己不知道对方的想法，双方的决定在同一时刻公布。当然，对每个团队来说，收益最大化的情况是自己赢对方输，但是一旦对方也采取同样的策略，那么双方会同输。所以从长远考虑，这并不是一种好策略，因为双方会互不信任同时付出最大代价。最好的情况就是彼此合作，都牺牲一些利益，选择对对方的信任，虽然在短期收益不会最大，但是从长远来看，这种双赢的模式是获益最多的。多年一直研究“囚徒困境”的经济学专家罗伯特说：“这个困境的结果往往让人惊奇，获胜者是那些不投机取巧，采取最简单的合作信任策略的人。先合作，然后尽可能模仿对手在此前一轮中的行为。这种策略的成功归因于尽力取得对手的合作和信任，而非打败他们。”如果用一句话概括的话，最后的获胜者是在互惠互利原则指导下尽可能取得个人最大利益的一方。

对领导者来说，领导活动中互惠互利原则的坚持会让一切变得可持续，团队成员长久合作，短期战略会成长为长期战略，眼前利益会发展成长期利益，如果一个计划执行时可以让所有人都获益，何乐而不为呢？这对领导者的品德也是一个考验，他能不能抵挡蝇头小利的诱惑，将眼光放长远，不再局限于自身本部门的利益，而是从全局整体考虑，以公平理念为核心，让所有参与者都不会后悔自己的这项决定。哈佛大学公共政策专业罗伯特·普特南教授十分推崇互惠互利原则，他说："广义的互惠互利准则对于文明社会如此重要，以至于所有的道德规律都将其作为金科玉律纳入其中。"

思科公司亚特兰大科学城软件工程师里奥·帕热帕里特斯基也将自己团队的成功归于互惠互利原则的成功贯彻，团队成员都看重一起努力而非单打独斗，这样不仅省时省力，而且会取得更大的成就。

"这些团队成员都是有经验的工程师，他们会针对问题提出自己的解决办法。但是多年来我们发现，整个团队在一起可以取得超过双倍的效益。首先，团队的解决方案是经过集体讨论，凝结了大家的心血，可以少犯错误。其次，整个团队都知道其他人在做什么，也就更愿意提供帮助，因为他们知道其他人也代表他们的利益从事同样的事情。这种相互帮助使得同事之间更加深厚，这有助于在很多情况下保证任务按时完成。"帕热帕里特斯基如是说。

领导者在促进团队合作时，平衡团队间的关系也需要一些技巧，并不是想到了合作就一定会使成员实现合作。领导者应该建立一种成员间经常性的面对面交流，领导者向员工们表述组织的愿景，实现愿景的方法和计划，成员们对此进行讨论，提出质疑或者表达对它的赞同，彼此之间通过交谈等方式有更深一层的了解，这样经过一段时间的磨合，性格和能力的互补，才会真正发挥团队的作用。Plantronics公司电子商务部经理斯蒂凡尼·鲍威尔说："只有你真正看见了某个人的脸，对你来说他才是个真人。"他十分看重与下属的互动。瑞士全球人力资源公司副总裁罗伯塔·林斯基也认为：“一群人只有见过四五次面后才能像团队一样工作。”这些在事业上取得杰出成就的领导者都会注重与成员间的面对面接触，发现成员们思想的变动，这也会让成员感到自己受到尊重，体会到自己的重要性。正面的沟通的益处是其他间接沟通手段无法取代的。

另外，领导者还要保持对成员提出意见的及时反馈，没有人希望自己的意见提出来就石沉大海。领导者还可以适度提出一些反面教材，先试着让成员单独做一件事，体会做事过程中的艰苦，然后再将他们组织在一起，让他们自己体味哪种方式更有利于目标的达成。不可否认，团队协作可以将资源共享，利益共享，成果最大化。

曾子在平衡之道后，下面继续说：“有国者不可以不慎；辟，则天下僇矣。”他对领导者提出警告：拥有国家的领导者做事为人一定要谨慎，一旦行事有偏差很可能天下群起而攻之，遭受杀戮之祸。因为领导者这个位置位高权重，不仅劳心劳力，还有权力财富的诱惑，如果不加强自身修养，认清方向和目标，达到“富贵于我如浮云”的境地，很容易陷入权力与金钱的泥沼不能自拔。

德、财之辨

道得众则得国，失众则失国。是故君子先慎乎德。有德此有人，有人此有土，有土此有财，有财此有用。德者，本也；财者，末也。外本内末，争民施夺。是故财聚则民散，财散则民聚。是故言悖而出者，亦悖而入；货悖而入者，亦悖而出。

这段话说明了很重要的一点，就是曾子并非不食人间烟火，他同样知道财富的重要作用。

曾子认为只有得到百姓的真心拥护才算真正拥有国家，否则即使拥有位置但是失去民心，这个位置也不可能长久拥有。德是君子最关注的事情，有了美好的品德，才有百姓的支持，有了百姓的支持才会聚集土地，有土地才会产生财富，有财富才会让政权更稳定，从而应用至社会各方面。曾子尤其强调品德是根本，财富是末枝。道德是一个人成功的关键因素，是树根，起着固定性的作用，财富是枝叶起装饰作用。如果一个领导者本末倒置，将财富作为最终追求而忽略了道德修养，必然会导致财物纷争，会有人与之抢夺财富。曾子最后总结道："财聚则民散，财散则民聚。"领导者要懂得藏富于民，这样才会聚拢民心。如果只敛财而不问民生疾苦必然导致民心离散，这也是评价一个人，一个领导者、帝王、国家领袖是非成败的根本标

准和根本经验。

对于言论和财货的相对应关系，曾子也做了梳理：“言悖而出者，亦悖而入。”语言是一个人感情的表达工具，一个人既有可能口吐莲花，用美好的语言感动他人，也有可能祸从口出。如果是肩负着国家命运的领导人的言语就更重要了，他的无心之言很可能让整个国家遭到灭顶之灾。商朝末年周文王父子和纣王的语言可以很好地说明“言悖而出者，亦悖而入”的道理。周文王临终前对武王叮嘱道：“见善勿怠，时至勿疑，去非勿处。此三者，道之所以止也。”周武王再拜受教。周文王去世十二年后，“是时诸侯皆畔殷归周，不期而会盟（孟）津者八百。皆曰：村可伐矣。王（周武王）曰：汝未知天命，未可也。乃引师还”。当别人将这一情况告知纣王时，纣王却说：“我生不有命在天。”以为自己王位是上天赐予，安稳无疑。纣王这种自大的心态，让他的军队在后来的牧野之战中一败涂地，500年的殷商王朝覆灭在他手中。他之前的话对他是一种绝妙的讽刺，也让他成为后世的笑柄。领导者的语言一定要经过深思熟虑，不可以太自满太自负，否则事情会向着相反方向进行，“悖而入”。

“言悖入悖出”即可过渡到“货悖入悖出”的道理了。“货”在这里等同于财富，相当于“利”，后世多少帝王将相实际上是将天下黎民当做一种货物在争夺，不过是为了充盈私囊，取得财富和权位，并非是想用自己的力量让百姓生活得更好。以这种目的抢夺来的天下，不可能长久，历史上很多短命王朝的覆灭就说明了这一点。

平天下之大要

曾子接下来论述“平天下”的具体操作方法，“为政在人”，并引用《尚书·康诰》“惟命不于常”，点出执政者为政的核心。他赞同《楚书》中的话：“楚国无以为宝，惟善以为宝。”“亡人无以为宝，仁亲以为宝。”将“善”、“仁”这两个基本道德修养提至为政的高度。曾子同样认为领导者不仅自己品德要高尚，同时也要善于用人，不拘一格提拔贤才为国效力。秦穆公不在意百里奚的奴隶身份，重用提拔，充分发挥其才智，为秦穆公成为春秋五霸做出了贡献。

曾子总结道：

> 此谓唯仁人，为能爱人，能恶人。见贤而不能举，举而不能先，命也。见不善而不能退，退而不能远，过也。好人之所恶，恶人之所好，是谓拂人之性，灾必逮夫身。是故君子有大道，必忠信以得之，骄泰以失之。

一代君主，只有会爱人，仁以待民，选拔贤才，用忠信的品德得到天下，自高自大的人绝对不会长久占有天下的使用权。

曾子在《大学》一书的结尾，总结了藏富于民的重要性：

> 生财有大道，生之者众，食之者寡。为之者疾，用之者舒，则财恒足矣。仁者以财发身，不仁者以身发财。未有上好仁，而下不好义者；未有好义，其事不终者也；未有府库财，非其财者也。

曾子认为国家领导者一方面应该注重国家财富的创造，让人民富裕，同时也要保证财富获得合理合法性，在“义”的基础上获得。同时也指出一个国家富强的标志是人民的富强程度，统治者应该将财富用于百姓生活的提高，而非自己私有财富的积累，藏富于民而非与民争利。国家的真正财富在于“义”，对于一个国家一个组织来讲，群众，财富，权力三者缺一不可，互相联系，互相支撑，形成了一个稳定的组织，没有经济基础不可能让一个国家组织强大。只有经济壮大，才能拥有稳固的政权、民众的支持。领导者的权力来自于美德，最终目的也是通过权力以及自身魅力将美好品德散发出去。

在结尾用《易经·系辞传》对“义利之辨”作一总结：

显诸仁，藏诸用。

富有之谓大业，日新之谓盛德。

天地之大德曰生；圣人之大宝曰位；何以守位曰仁；何以聚人曰财。理财、正辞、禁民为非曰义。

子曰：小人不耻不仁，不畏不义，不见利不劝，不威不惩，小惩而大诫，此小人之福也。

领导者一方面要重义轻财，懂得藏富于民，同时还要善于激励下属，学会爱人、尊重人，用仁爱之心管理企业，不只使用物质上的激励手段，还要从精神上让追随者产生满足感，一直保持信心，不断前行。

领导者一般有两种方式可以最大程度激励员工，认可他们做出的成就，一是对员工充满信任，认为他们在不断创造价值，发挥着自己的最佳水平，一是领导者独创性的承认员工作出的贡献，采用独特的激励手段。

一个不断取得卓越成就的领导者独特之处就在于始终保持着对自己和对员工比较高的期待，认为自己和员工都可以做得比其他人更好。高期望会不自觉地产生更高行动标准，让梦想和现实之间架起的桥梁更高，每个人都很享受别人对自己的高期许，因为这意味着自己的价值得到承认。领导者激励下属忌讳“命令”这个词，“命令”带有权力色彩，直接定位在上下级的关系，是强迫做的，而期待则是看到了员工有这方面的潜力而针对个人能力提出的高要求。领导者知道，对一个人期望越高，这个人就越可能发挥得更好，甚至有时会超出自己的预期，心理学将这种现象叫做“皮格马利翁效应”。这个效应来自古希腊神话，皮格马利翁是一位雕刻家，一次他雕刻出一位美女，他深深地爱上了这个雕像，他每日祈祷盼望这个雕像可以活过来，与自己在一起。后来，他的真诚感动了神，将这座雕像复活。

很多员工也表示很享受领导者对自己的高期许，当被问及他碰到的优秀领导时，他们总是会说：“这位领导者很信任我，他总是能在我身上发现一些我自己都不知道的优点。他的鼓励让我做得更好。”优秀领导者的这些作为可以提高下属的绩效，他们密切注意下属的一举一动，感知他们的动向，从他们身上发现闪光点，并指出来。一项管理学调查表明，人们总是会不自觉地按照别人的期望来做事。当别人表现出对你的不满和不信任时，你很可能丧失斗志；但是一个人真心欣赏你，赞扬你，你很可能会取得意想不到的成就。丹尼斯·凯姆对她领导者的领导风格持有很高的评价：

当凯斯领导我们这群人时，我们并不缺乏想法和建议，我们缺少的是彼此的信任和信心，不相信我们有能力达到设定的目标。但是凯斯始终对我们抱有希望，让我们感到他从来不相信我们会失败。他花时间和我以及他所有的团队成员在一起研究如何让我们继续前进，他采用对做好工作表彰的方式对我们进行鼓励，推动我们前进。他的领导风格造就了一支如此强大的队伍，我们可以百分百投入工作。他让我们能够作为一个团队协同工作，达到并超越我们的目标。

一个领导者从来不认为自己员工的潜力已经发挥到最大了，他总是试图继续激发潜能，不断对员工进行鼓励。贝蒂·扣兹洛夫斯基是一家电信公司的领导者，她在领导团队时会使用这一原则，她对她的经验是这样总结的：

我会尽量让我的团队了解到，我真心认为他们可以做好这项工作，我相信他们能够做出判断，寻找信息，及时获取信息。在我们的团队会议上，当我们分析总结员工工作成就时，我会有意识地表扬队员们的贡献，不会当面指出他们的不足之处。这样，集体中总是有轻松的气氛，队员们感到自己尽了全力，人们不会互相指责没有做什么，而是互相支持、共享资源。小组成员彼此间不会产生嫉妒的感觉，他们很感兴趣彼此间信息和资源的交流，彼此间互相支持和尊重。我相信人们会实现我们的期望，只要你选择信任他们。

贝蒂从来没有试图控制她的下属，因为她知道，只要对员工的能力信任，表扬员工的成就，就可以让他们自动高效率为你做事。

领导者还要注意及时反馈，对员工产生的每个小成就做出及时的评价。当人们在做某一项具体工作时，只有这项工作具有挑战性，并可以收到不断的反馈信息才能让激发他们持续的热情，圆满完成任务。一个领导者如果只是在工作开始表现出对员工的期待还不够，员工还需要在行进过程中有人指点他们，“这里做得有点不足”，“你的方向出现了偏差”，这样可以及时改正完善，否则大目标遥遥无期，人们很容易丧失前行的动力。

虽然员工的成功一部分来自自我能力和努力的结果，但是在很大程度上甚至关键性因素都来自领导者。如果一个团队都由精英人才组成，但是他们的领导者对他们不抱有任何希望，在他们工作时总是不满，不停挑剔，这样的团队一定不会持续很长时间，也不会出现好的成果。一位领导者应该学会适当放权，不要总是对员工紧密控制，留给他们一些空间他们会表现得更好。如果员工在努力工作，一位领导过来抽查，员工会表现得紧张，甚至发挥失常，而频繁的检查也意味着对员工的不信任。信任感是相互的，如果领导者不信任员工，员工同样也不会对你产生信赖的感觉，没有人会去信赖不信任自己的人。有时即使一个领导者想让团队员工产生最大生产率，但往往适得其反，这就涉及工作方法问题。欧洲管理研究学者的调查结果表明，很多领导者即使出于善意，但是往往还是员工不成功的根源。因为他们拘泥于某种生硬的管理机制，让一些能力不足的人压力越来越大，完不成工作。不恰当的领导方式产生了反向引导效果。最关键的是，领导者要让员工感觉到，自己相信他们的能力。在自己的帮助和支持下，不会让员工失败，领导者既是员工的领路者也是他们坚实的后盾。

领导者激励的另一个有效手段是个性化的激励。很多领导者常常给员工奖励，口头表扬，物质嘉奖，但是员工的劲头并没有提得很足，究其原因，就在于激励的方式太过千篇一律、模式化，让员工感到这种激励是在应付，领导者只是按照规定办事，没有真正认识到自己的价值。

很多研究表明，人们最喜欢的奖励方式不是金钱的多少，而是个性化的奖励。领导者知道每个人的爱好和厌恶的事情，在激励时会根据员工的特点和员工本阶段最需要的东西进行奖励，这样才能够最大限度地激发员工的积极性。琳达·刘易斯是贵宝公司的管理者，她十分看重个性化奖励。她曾经担任过公司培训与教育部的副总经理，在任职期间，她设立了长颈鹿专项奖，用来表彰那些主动加班为公司创造更多价值的员工，同时本次获奖的人是下一个获奖人的挑选者。琳达每个月都要用长颈鹿奖来奖励工作出色的员工，这个奖项的独特之处不在于奖品是玩具长颈鹿，而是有一个专门表明员工贡献的纪念品，保证了奖项的独一无二性。只要工作出色，每个人都有资格获得这个奖项。后来的获奖者将这个长颈鹿染上了更多的个性色彩，有人在它脖子上挂了花环，有人为它穿衣服，还有人为它戴帽子，这个奖项也因为独特性和贴近员工的个性化得到了广泛认可。

个性化的奖励意味着领导者对员工的重视，肯定他对公司、对工作所做的努力。美国邮政服务公司经理迈克·马图塞克说道：“每个人心中都有一把熊熊燃烧的大火，我的工作很简单，就是把它再拨旺一点。”每年自己管辖区域内的一万三千多名员工过生日时，迈克总会寄去一封亲手写下地址和签名的贺卡。这意味着每天37封信件的工作量，这种看似不起眼但是独具匠心的工作建立了迈克与员工们亲密的关系，让员工们感到了迈克对他们的用心，他们努力工作，这个地区业绩连续几年都赢得全美第一。

惠普公司的技术指导安路·雅穆南将她的成功激励经验总结如下：“我一直在试图建立一种信任的工作环境，不仅在我的团队之内，还包括团队之间。我知道敞开胸怀是建立信任氛围的方式。我告诉下属我代表谁的利益、我看重和希望获得的东西是什么。当大家看到我如此有诚意地向他们敞开胸怀时，他们也会这样对我。”关于个性化激励，安路是这样说的：“人们喜欢做被认可和得到表彰的事情。如果他们觉得会受到指责、惩罚或者被忽视，就不会充满热情地进行工作。作为一个领导者，我努力找到我的员工看重的事情。奖励是一种认可努力的表现，一些人可能一个口头表扬就足够，一些人更希望可以有机会与管理者进行面对面地沟通，还有一些人更喜欢物质奖励。了解了他们喜欢的奖励方式，在奖励时我会尽量用他们喜欢的方式进行，而且让他们知道究竟为了什么而获得奖励。”

个性化激励根源于领导者对事物周全的考虑，一个可以对员工采用个性化激励的领导者必定在激励前这样反复思考：“对这位员工的突出表现我要用什么形式来让他了解他为我们组织做出了重要的贡献？什么样的奖励是真正适合他的，让他感到自己是受重视的？”Glenn Vally Homes 公司的董事长维恩·奈伯特是一位考虑周全的领导者，他的奖励总是可以打动人心，激发员工的热情。在公司

建立初期，工厂堆积了很多房屋建造的订单，这些工作任务量很大，而且对技术要求高，需要一名技术熟练的员工来带领部门人员完成。维恩任命瑞·弗利尔担任这项工作，由于弗利尔以前没有得到过重用，他的技术并没有被人广泛认可，其他人也不太看好他，但是维恩对弗利尔选择了完全信任，他的信任对弗利尔产生了巨大的影响，弗利尔不分昼夜地加班完成了这次工作。

为了回报弗利尔对公司作出的突出贡献，维恩别出心裁地将弗利尔的表扬选在一次所有员工和家属参加的烧烤聚餐上，瑞恩让弗利尔为在场人员操作他发明的装备怎样工作，结果让弗利尔惊喜的是，当他打开传送带时，一根绑着小旗和信封的细棍跳出来，弗利尔打开信封看到了一张一万美元的支票和维恩亲笔书写的感谢信。维恩当场朗读感谢信，让所有员工和家属都能知道弗利尔对公司作出的杰出贡献。维恩的奖励虽然金钱不多，但是别出心裁以及对员工真心的褒扬，让员工产生归属感，有利于企业长远发展、保留和培养人才，也有助于员工作出更大努力与领导者一起为了共同目标前进。

至此，《大学》精髓“三纲”、“七证”、“八目”已经论证完毕。这本书中如果用一个字来概括的话，非“德”字莫属。虽然本书与领导力的关系已经讲完，但是领导者的修养工作还没有结束，现在请领导者按照《大学》对领导力的指引，修身养性，加强自我道德修养，为自己勾画一个美妙又切实可行的愿景，真诚对待每一个人，端正心态，以德服人。这本书经过孔门弟子曾子深刻思索，思想出世又入世，总结人世经验教训，是智慧和心血的结晶。相信领导者仔细阅读后，一定会让自己的领导力臻于至境。

北京理工大学出版社　　作者：吴宏彪　　定价：29.80元

编辑推荐：

本书从掌控力的含义、维度和特质三个方面论述了掌控力的内涵与意义，以及身为一个组织或者集体的领导者、掌控者，要如何拥有掌控力，如何使用掌控力，做自己能够控制的事情。本书告诉领导者，要如何恰当地展示自己的才能，打造自身的魅力，用好手中的权力。

本书集领导力、洞察力、决断力、组织力于一体，为已经在领导岗位或者正在走向领导岗位的读者提供基本而必要的理性指导。想当好领导者，想成为优秀的领导人才，就要有掌控力，就一定要做自己能控制的事情。

《带队伍——中基层管理者胜任力法则》

北京理工大学出版社　　作者：胡海波　　定价：29.80元

编辑推荐：

任何一个企业或组织，要带出一支高效能的战斗团队，必须提升管理者自身及其员工的胜任力。企业对其员工的最基本期望，是胜任，而最高期望，也是胜任！提升管理者自身的胜任力并带动、引导员工提升自身管理能力，能够让员工在胜任中创造绩效，能够提高公司运转效率，从而提升企业的市场竞争力。

本书从胜任力的理解、如何提升管理者的胜任力、如何增强员工的胜任力等角度切入，对胜任力进行有针对性的切实有效的阐释，具有极强的现实指导意义。